Autorin und Verlag danken dem Ministerium für Umwelt, Naturschutz und
Raumordnung des Landes Brandenburg, dem Amt Naturschutz Eberswalde, den Aufbaustäben für den Naturpark Feldberg-Lychener Seenlandschaft, der Klosterverwaltung Chorin und dem Fremdenverkehrsverband
Uckermark e.V. für die freundliche Unterstützung bei der Erarbeitung dieses Buches, insbesondere für das Kartenmaterial.

Umschlag: Barbara Globig
Umschlagfoto: Rudolf Kampmann
Fotos: Brigitta Richter
Layout: Nell Bunken/Stefan Himmer
Satz: Eigensatz
Belichtung: MSP Satz & Graphik, Berlin
Druck und Bindung: Tribüne Druck GmbH, Berlin

Printed in the Federal Republic of Germany
ISBN 3-88520-439-8
EP 439

ELEFANTEN PRESS
Postfach 360 440, W-1000 Berlin 36
Am Treptower Park 28 – 30, O-1193 Berlin

Die Deutsche Bibliothek – CIP-Einheitsaufnahme
Richter, Brigitta: Geheimtip Uckermark : Ausflüge ins Berliner Umland /
Brigitta Richter. - Berlin : Elefantem Press, 1992
      (EP ; 439)
      ISBN 3-88520-439-8
NE: GT

Brigitta Richter

GEHEIMTIP

UCKERMARK

Ausflüge ins Berliner Umland

ELEFANTEN PRESS

INHALT

Versteckte Schönheiten der Ucker- mark

» **E** s ist mit der märkischen Natur wie mit manchen Frauen. Auch die häßlichste – sagt das Sprichwort – hat immer noch sieben Schönheiten ... Man muß sie nur zu finden verstehen.« Ob Theodor Fontane mit seiner Feststellung bei Frauen immer recht hatte, vermag ich nicht einzuschätzen. Was allerdings die Uckermark betrifft, gilt sein Urteil, das er bei seinen Wanderungen durch die Mark Brandenburg für diese formulierte, auch heute noch. Der Landstrich vor den Toren Berlins erscheint auf den ersten Blick karg, eintönig und grau, und beim genaueren Betrachten vieler uckermärkischer Orte wird diese Skepsis zu Recht genährt.

Doch selbst Theodor Fontane meint die Mark reicher vorgefunden zu haben, als er zu hoffen gewagt hatte. Und zu seinen Zeiten galt eine Reise ins uckermärkische Land immerhin als ein riskantes Unternehmen mit höchst ungewissem Ausgang auf den wenigen, dafür aber schlechten Straßen, in unbehaglichen Pferdekutschen und kaum einer

Aussicht auf ein Nachtquartier. Aber keine Angst, in dieser Hinsicht hat sich die Uckermark gewandelt. Und der erste Blick täuscht wirklich. Die wechselvolle Geschichte des Landstriches und die reizvolle, weil urwüchsige Landschaft lassen den Reisenden aufatmen, den sonst alltäglichen Lärm und die Hektik vergessen.

Sieben versteckte Schönheiten der Uckermark will dieser Reiseführer aufzuspüren helfen, auf sieben Touren in den Berliner Nordosten. Dem Reisenden wird ein oft unberührtes, nicht entfremdetes Land mit DDR-Trostlosigkeit begegnen, Erstaunliches und Wissenswertes, Historisches und auch Neues, das vom Aufbruch der Region kündet.

Uckermark heißt so viel wie Grenzland. Tatsächlich ragt der Landstrich wie eine Spitze im Nordosten des Landes Brandenburg nach Mecklenburg-Vorpommern hinein. Das hat dem Gebiet zwischen Oder und Randow im Osten, der Havel im Westen und dem Eberswalder Urstromtal im Süden so manchen territorialen Besitzkampf eingebracht. Heute umfaßt die dünn besiedelte Uckermark mit 3.000 Quadratkilometern und 170.000 Einwohnern die Kreise Angermünde, Prenzlau und Templin sowie die Stadt Schwedt.

Das war nicht immer so, denn die Uckermark dehnte sich einst viel weiter aus. Der Ostrand der Uckermark, der 1354 an Pommern gelangt war, bildete nach seiner Zurückgewinnung 1472 den Stolpirischen Kreis. Ab Mitte des 17. Jahrhunderts wurden der uckermärkische und stolpirische Kreis von Kriegskommissaren, dann von drei gleichberechtigten uckermärkischen Landräten verwaltet. Am 1. April 1817 trat die preußische Kreisreform in Kraft, nach der die Uckermark in die Kreise Angermünde, Prenzlau und Templin geteilt wurde. Damit hörte die Uckermark als einheitliches Verwaltungsgebiet auf zu existieren. Nach der Gebietsreform 1952 in der DDR entstanden aus den Ländern Bezirke, Kreisgrenzen wurden neu festgelegt und decken sich seither nicht mehr mit den alten Landschaftsgrenzen. Die Kreise Templin und Prenzlau gelangten zum Bezirk Neubrandenburg, der Kreis Angermünde zum Bezirk Frankfurt/Oder. Am 7. September 1961 erhielt Schwedt den Status eines Stadtkreises im Bezirk Frankfurt/Oder. Nach der Länderbildung im Oktober 1990 wird erneut über eine Kreisgebietsreform nachgedacht. Doch noch sind die Potsdamer Vorstellungen von einem Großkreis Uckermark umstritten.

Die Uckermark ist geprägt von eiszeitlichen Formen und bietet sich als hügelige Landschaft mit noch immer unendlich großen, bis zum Horizont reichenden Feldern und dazwischen gelegenen, manchmal inselartig anmutenden Waldstücken dar. Neben alten, feldsteingepflasterten Straßen und sandigen Sommerwegen sorgen oft nur schmal und schwach mit Asphalt übergossene Fahrspuren für ein wohliges Schwanken des Autos bei höheren Geschwindigkeiten. Zuweilen allerdings gebieten die Pfade, sich weniger der Natur als den mit Löchern übersäten Wegen zu widmen. Doch die Alleen, die im Sommer nicht nur Schatten spenden, sondern die Landschaft mit den mächtigen Baumkronen in romantische Gewölbe verwandeln, entschädigen den Reisenden ob dieser Straßen.

Erste Gruppen von Jägern und Sammlern sollen schon 8000 vor unserer Zeit durch die Uckermark gestreift sein, donauländische Siedlungsgruppen folgten, dann Germanen, ehe sich, aus dem Osten kommend, slawische Stämme, seit dem 7. Jahrhundert etwa, ansiedelten. Beiderseits der Ucker waren es die zum Stammesverband der Wilsen gehörenden Uckranen, die den Landstrich »Terra Ukera« tauften. Der Namen Uckermark taucht erst am 12. Juni 1465 in der Stadtordnung von Prenzlau auf, offensichtlich war Kurfürst Friedrich II. der Urheber. Von den Slawen ist deren Gastfreundschaft überliefert, allerdings auch deren Neigung zum Diebstahl. Dieser galt aber als verzeihlich, wenn der Diebstahl wegen dieser Gastlichkeit begangen wurde, und das gestohlene Gut innerhalb von 24 Stunden zu Ehren des Gastes verwendet worden war.

Seit dem 10. Jahrhundert geriet die Uckermark immer mehr in den Sog territorialer Streitigkeiten zwischen brandenburgischen Markgrafen, pommerschen Herzögen und mecklenburgischen Fürsten. Wohl in keinem Teil Brandenburgs waren so viele Städte und Dörfer zerstört, verwüstet oder verödet wie hier. 1107 wurde das Gebiet der Provinz Pommern unterworfen. Die aus dem Hause der Askanier stammenden Johann I. und Otto III. konnten in den Kämpfen mit dem Pommernfürsten Wratizslaw und dessen Vetter Herzog Barnim von Stettin das Uckerland zum großen Teil zurückerobern, so daß das Gebiet bis zur Welse und Randow durch den Vertrag von Landin, dem heutigen Hohenlandin (Kreis Angermünde), im Jahre 1250 in brandenburgischen Besitz gelangte.

1319 starb mit Markgraf Waldemar das Haus der Askanier aus, bis 1324 blieb der Thron unbesetzt. In dieser Zeit umkämpften die Pommern, vereint mit den Dänen, und die Mecklenburger erneut das Uckerland. 1348 tauchte erneut ein Markgraf Waldemar auf. Da nie glaubwürdig geklärt werden konnte, ob es sich um den für verstorben Erklärten oder um einen Schwindler handelte, erhielt er den Beinamen: Der Falsche. Dieser hielt sich allerdings nur drei Jahre lang in der Gunst des Königs. Als Kurfürst Friedrich I. den brandenburgischen Thron bestieg, zählte zu seinem Besitz nur der südliche Teil der Uckermark. Der nördliche Teil kam mit dem Vergleich zu Königsberg im Jahre 1493 dazu.

Der Dreißigjährige Krieg von 1618 bis 1648 brachte der Uckermark Plünderungen und Zerstörungen, denn der Landstrich diente als Aufmarschgebiet der kriegerischen Parteien. Im Siebenjährigen Krieg von 1756 bis 1763 sollen mehrfach russische Kosaken bis Schwedt vorgedrungen sein. Auch Napoleon tat später das Seine. Nach der Niederlage bei Jena und Auerstädt 1806 nämlich floh das preußische Heer unter Fürst Hohenlohe über Zehdenick durch die Uckermark. Über 1.000 Mann sollen vor Napoleons Truppen auf dem Gelände des heutigen Prenzlauer Bahnhofs kapituliert haben. In der Nähe von Prenzlau, zwischen den Dörfern Ellingen und Schönwerder, findet sich noch ein Denkmal, das an den Widerstand der Preußen gegen Napoleon erinnert.

Als 1813 der antinapoleonische Befreiungskrieg begann, rüstete die Uckermark 2.000 Infanteristen und 336 Kavalleristen für die Landwehr aus. Auch Frauen nahmen an den Kämpfen teil, die Angermünderin Eleonora Prohaska diente als Mann verkleidet bei den Lützower Jägern, Friedericke Krüger tat ihren Dienst als Unteroffizier in einem Grenadier-Regiment. Die Grabstätte von Friedericke Krüger auf dem Templiner Stadtfriedhof ist die einzige eines preußischen Offizierspärchens, das eine gültige Ehe geschlossen und mancherlei Ehrung empfangen hatte. Karl Köhler heißt der eine Partner; er hatte im Ulanen-Regiment gedient.

Der andere war als Freiwilliger in die preußische Armee eingetreten, hieß August Lübeck und hatte in 17 Schlachten gekämpft. Dieser tapfere August entpuppte sich als die zwanzigjährige Friedericke Krüger, die ausgezogen war, um das Vaterland von seinen Besatzern zu befreien. Dafür sind ihr das preußische Eiserne Kreuz, der russische St. Georgs-Orden und die Erinnerungsmedaille verliehen worden. Mehr noch, der Preußenkönig war von ihren Diensten so angetan, daß er Friedericke Krüger bei einem Essen zusicherte, sich um die Hochzeitsausstattung zu kümmern, falls ein wackerer Mann um sie werben würde. Davon hörte der Unteroffizier Karl Köhler, und er warb um sie. Zwei Jahre nach Paris nahmen beide Abschied aus der Armee und heirateten. Der Großherzog von Mecklenburg setzte ihnen eine Jahresrente von 50 Talern aus, der preußische König legte noch 72 dazu und verschaffte Karl den Posten eines Grenzaufsehers in Lychen.

Die Narben, die der Zweite Weltkrieg hinterließ, sind in der Uckermark noch längst nicht verheilt. An der Grenze zwischen Mescherin, Gartz und Groß-Pinnow wird noch immer hochexplosive Munition gefunden. Aber auch ehemalige Schützengräben und MG-Stellungen lassen sich in den uckermärkischen Wäldern ausmachen, manche Lücke im uckermärkischen Städtebau entstammt jener Zeit. Hier versuchten in den Tagen zwischen dem 20. und 26. April 1945 mit aller Härte das deutsche 46. Panzerkorps und das Oderkorps den Durchbruch der 2. Belorussischen Front durch die Randowlinie zu verhindern. Es mißlang, doch die Opfer waren auf beiden Seiten unvorstellbar hoch, Friedhöfe und Ehrenmale erinnern an die unzähligen namenlosen deutschen und sowjetischen Gefallenen.

In der Uckermark wurden vielerlei Gewerke betrieben, an die heutzutage manchmal nur noch merkwürdige Namen in den Orten erinnern. An der Teerofenbrücke in der Nähe von Schwedt zum Beispiel ist im 16. Jahrhundert Teer aus Holz gewonnen worden. Der Holzreichtum des Landstriches erlaubte es, Glashütten zu betreiben. In Biesenbrow wurde in einer Salzsiederei Kochsalz gewonnen. Holländer und Wallonen siedelten sich in der Uckermark an und führten vor allem Holzschuhe in die Gegend ein. Einst galt die Uckermark sogar als Kornkammer Brandenburgs. Am 11. November 1810 endete die Erbuntertänigkeit in der Uckermark. Die Landwirtschaft blieb in der DDR ein wichtiger Erwerbszweig. Nach der Verkündung der Bodenreform 1945 begann in der Region die Landaufteilung, am 4. April 1952 entstanden die ersten Landwirtschaftlichen Produktions-Genossenschaften, 1968 in Dedelow die erste industriemäßig produzierende Milchvieh-Großanlage für 2.000 Rinder. Doch Großviehhaltung und ausgedehnte Felder, zu DDR-Zeiten subventioniert, sind in der Marktwirtschaft nicht gefragt. Durch den Ruin dieses Erwerbszweiges sind nun ganze Dörfer von Arbeitslosigkeit betroffen.

*Der »Grützpott«
in Stolpe*

Eindrucksvolle Technik im Oderbruch

Über das Schiffshebewerk in Niederfinow zum Stolper Grützpott

ANREISE MIT DEM AUTO ÜBER BERLIN-AHRENSFELDE, WERNEUCHEN, BAD FREIENWALDE ÜBER DIE B158, DANN IN RICHTUNG EBERSWALDE AUF DIE B167, VON DORT BEI HOHENFINOW NACH NIEDERFINOW ABBIEGEN (ETWA 65 KILOMETER) ODER MIT DER BAHN ÜBER BERNAU, EBERSWALDE, DORT UMSTEIGEN

Dort, wo Eberswalder Urstromtal und Oderbruch einander trafen, stand in der askanischen Periode der Mark Brandenburg hoch über dem Tal die Burg Hohenfinow. Am Flußlauf soll eine Siedlung entstanden sein, von der keiner zu sagen weiß, wann. Außer, daß sie erstmals 1267 erwähnt wurde. Aus dem 13. Jahrhundert stammt die Feldsteinkirche, deren Fachwerkturm erst 1729 mit dem Wiederaufbau der Kirche errichtet wurde, denn sie war in einem Brand vernichtet worden. 1308 wird eine

Stadt mit dem Namen »Vinow« erwähnt, weil die aus Pommern kommende Straße dort vom uckermärkischen Besitz über die Finow-Enge in das mittelmärkische Land führte. Obwohl die sumpfige Finow-Niederung in früheren Zeiten als unpassierbar galt, soll der Übergang doch eine gewichtige märkische Zollstelle gewesen sein. Die Verlegung der Handelsstraße (ab 1317 über Eberswalde) war der Untergang für die einstige Stadt, die zunächst Eigentum derer von Greiffenberg, dann des Klosters und später des Amtes Chorin war.

Gemeint ist der Ort **Niederfinow**, dem eigentlich nur der Beiname: Schiffshebewerk zu Bekanntheit verholfen hat. Seit Jahrhunderten suchte man nach Möglichkeiten, den Höhenunterschied von 36 Metern zwischen Eberswalder Urstromtal und Oderbruch technisch zu überwinden. So begann Anfang des 17. Jahrhunderts zur Verbindung von Oder und Havel der Bau des ersten Finow-Kanals, den Friedrich, der Große, 1620 vollendete. Im Dreißigjährigen Krieg verfiel der Kanal, von 1743 bis 1746 entstand der zweite. Erst 1747 erbaute Johann Gottfried Stecher die nach ihm benannte Schleuse, 1749 kamen weitere hinzu. Insgesamt 17 Schleusen galt es zu überwinden.

1906 begann der Bau einer zweiten Verbindung beider Flüsse miteinander; der heutige Oder-Havel-Kanal entstand. Das damals Hohenzollernkanal benannte Bauwerk (danach Großschiffahrtsweg) überwand den Höhenunterschied durch nur noch vier Schleusen, jede mit einer Hubhöhe von neun Metern, in gut zwei Stunden. Diese Schleusentreppen sind seit den sechziger Jahren nicht mehr betriebsfähig und dämmern vor sich hin. Genutzt wird die Anlage lediglich zur Regelung des Wasserstandes. Aber sie soll, zumindest die oberste Schleuse, als technisches Baudenkmal wiederhergestellt werden.

Vielleicht kann man erst dann genau ermessen, was das von 1927 bis 1934 erbaute Schiffshebewerk gleich nebenan leistet. Bei seiner Fertigstellung galt es immerhin als das Weltgrößte der bis dato existierenden zehn Hebewerke. Auch der wenig technikbegeisterte Reisende empfindet den Hebevorgang als ein gigantisches Wunderwerk der Technik. In dem 60 Meter hohen Gerüst aus 8.000 Tonnen Stahl, das 27 Meter breit und 94 Meter lang ist, werden die Schiffe in einer Kabine hoch und runter befördert. Der Höhenunterschied kostet die Schiffe nur 20 Minuten Zeit, wobei der eigentliche Hebevorgang in der Kabine nur fünf Minuten dauert. Diese Kabine ist 4.300 Tonnen schwer, 85 Meter lang, 12 Meter breit und hängt an 256 Stahltrossen. Das Schiffshebewerk, das aufgrund des schlechten Baugrundes nicht direkt am Hang gebaut werden konnte und mit dem Oder-Havel-Kanal nun durch eine 157 Meter lange Brücke verbunden ist, wurde am 21. März 1934 in Betrieb genommen. Kostenpunkt: 27,5 Millionen Reichsmark.

Die Funktion des Hebewerkes kann man in etwa 1,5 Stunden Schiffahrt selbst erleben. Oberhalb der Schleusentreppen befindet sich eine Schiffsanlegestelle, von der die Schiffe ablegen. Der Aufstieg auf die Besucherplattform des Schiffshebewerkes lohnt sich allein schon wegen der herrlichen Aussicht auf das Oderbruch, die man von dort genießen kann. Es reicht vom Ostufer der Oder in Lebus bei Frankfurt/Oder bis etwa Schwedt. Vor seiner Urbarmachung wurde dieses Gebiet zweimal jährlich von etwa 12 Quadratmeilen Hochwasser überflutet, so daß es sich allmählich in ein weites, von vielen Wasserarmen durchzogenes Sumpfgebiet verwandelte, aus dem nur noch höhergelegene Teile hervorragten.

Theodor Fontane faszinierte diese »wilde und wüste Fläche« des Oderbruchs: »Wasser und Sumpf in diesen Bruchgegenden beherbergten natürlich eine Tierwelt, deren Reichtum allen Glauben übersteigen würde, wenn nicht urkundliche Belege dafür vorlägen: Zander, Fluß- und Kaulbarsche, Aale, Hechte, Karpfen, Bleie, Aland, Zärten, Barben, Schleien, Neunaugen, Welse und Quappen. Letztere waren so zahlreich, daß man die fettesten in schmale Streifen zerschnitt und statt des Kiens zum Leuchten verbrauchte... Da das Wasser aber von der (Sommer-) Hitze zu warm wurde, krochen Krebse aufs Land ins Gras oder wo sie sonst Kühlung fanden, selbst auf die Bäume unter das Laub, von wo sie wie Obst herabgeschüttelt wurden.«

Als König Friedrich Wilhelm I. 1736 das Bruch während einer Überschwemmung bereiste, machte ihm der Dessauer Beamte von Harlem, gebürtiger Holländer, Vorschläge über den Bau einer Entwässerungsanlage. Die Kostspieligkeit dieser Angelegenheit veranlaßte den König allerdings, das Projekt mit dem Vermerk »Für meinen Sohn Fritz« zurückzustellen. Dieser nun sah in der Erfüllung des Testaments seines Vaters eine seiner dringlichsten Aufgaben. Eine Baukommission befuhr 1747 das Gebiet zu Boot. Sie kam zu dem Ergebnis, daß man, um das Oderbruch trocken zu legen, erstens der Oder ein stärkeres Gefälle geben müsse, um somit den Wassermassen einen schnelleren Abfluß zu verschaffen; zweitens das Flußbett mit starken Dämmen eindeichen sollte, und drittens man nicht umhinkomme, die Binnengewässer durch ein weit verzweigtes Kanalsystem mit vielen Abzugsgräben zu verbinden. Die

Bautätigkeit begann, und bis 1763 konnten im Ober-Oder-bruch 117.000 Morgen, im Unter-Oderbruch 108.690 Morgen fruchtbarstes Land gewonnen werden. Die Trok-kenlegung des überschwemmten Bruchlandes machte das Oderbruch zur Kornkammer Preußens, was König Fried-rich II. mit Freude rufen ließ: »Hier hab' ich im Frieden eine Provinz erobert.«

Erst aus dem Jahre 1849 sind erneut Berichte über eine intensive Bautätigkeit zur Oderregulierung bekannt. Die preußische Regierung soll 1904 für die Regulierungsmaß-nahmen und den Kanalbau Berlin–Stettin 66 Millionen Mark ausgegeben haben. Die Oder-Regulierungsmaßnah-men veranlaßten auch den Bau der Hohensaaten-Fried-richsthaler-Wasserstraße. Am Donnerstag, den 20. Septem-ber 1906, so ist es überliefert, erfolgte der erste Spatenstich am Schöpfwerk in Schwedt, den die Frau des Wasserbau-inspektors Niehrenheim tat. Bei der Streckenführung des Kanals wurden zwangsläufig auch naturgegebene Wasser-läufe berührt, was an mancher Stelle den Wasserspiegel

Schiffshebewerk Niederfinow   Totalansicht nach Original Federzeichnung

verbreiterte, zum Beispiel bei Criewen und Schwedt durch die Alte Oder. So entstanden 12 Brücken, die außer der Schwedter Stadtbrücke alle nach einheitlichen Maßen erbaut und sämtlich im Zweiten Weltkrieg durch die deutschen Truppen gesprengt wurden, um den Vormarsch der sowjetischen Armee aufzuhalten.

Das hügelige Gelände des Barnims an der Alten Oder macht den Weg nach Oderberg über das langgestreckte Dorf Liepe besonders reizvoll, auch zu Wasser. **Liepe** hatte einst seine Bedeutung im norddeutschen Holzhandel. Der Lieper See soll zuweilen mit Flößen überfüllt gewesen sein, die dort bis zu drei Jahren lagerten und bewachsen waren vom tödlich giftigen Wasserschierling. Derartige bleiben dem heutigen Reisenden erspart, und so kann dieser – ohne Todesängste ausstehen zu müssen – getrost das Dörfchen in Richtung Oderberg passieren.

Bereits aus der Mittelsteinzeit 8000 vor unserer Zeitrechnung wurden dort erste Spuren der Besiedlung nachgewiesen. Die Slawen bevölkerten um das Jahr 650 die Gegend, sollen mindestens zwei Burgen und den Ort Basdyn erbaut haben. Erst um 1210 stießen die Askanier nach dort vor und errichteten auf dem heutigen Albrechtsberg eine frühdeutsche Burganlage, die bald darauf von den Pommern zerstört wurde. 1231 legten katholische Mönche im Dorf Basdyn ein Prämonstratenserkloster an, das nur 27 Jahre Bestand hatte.

Um diese Zeit wurde auch erstmals ein Ort namens »Oderberghe« erwähnt. Nach 1349 ließ der brandenburgische Markgraf Albrecht II. auf einer Insel eine Festung anlegen, Bärenkasten genannt. Die Burg diente dem Schutz des Oderübergangs und der Sicherung der Zolleinnahmen.

Schließlich lag **Oderberg** an der Grenze zu Pommern und im Kreuz von Handels- und Wasserstraßen. Laut Urkunde genoß die Stadt schon seit 1231 Zoll- und Niederlagsrechte, jeder Schiffer und Händler mußte Zoll zahlen sowie drei Tage lang seine Ware feilbieten. 1375 konnte die Stadt dadurch immerhin 1.400 Schock Silbergroschen Zolleinnahmen für die landesherrliche Kasse verbuchen. 1415 bestätigte Markgraf Friedrich das Niederlagsrecht und die Fischereigerechtigkeit. Noch um 1600 war Oderberg Vorhafen und Immediatstadt zu Berlin, Schiffsladungen wurden von dort aus mit Fuhrwerken nach Berlin gebracht und dann weiter verfrachtet. Der Bau des Finow-Kanals ließ den Handel spürbar aufleben. Aus jener Zeit stammt auch der besondere Fischmarkt Oderbergs: zweimal wöchentlich lieferten Fischer ihren Fang ab, die Fische wurden lebend nach ganz Mitteleuropa verschickt. 30 Fischer lebten noch um 1900 in Oderberg.

Im Dreißigjährigen Krieg belagerten schwedische Truppen zweimal die Burg Bärenkasten, 1637 und 1639. Heute sind nur noch die Reste der drei Meter dicken und bis zu acht Meter hohen Kastellmauern (beim Stadion) zu besichtigen, die ehemalige Burganlage steht unter Denkmalsschutz. Der Krieg hatte die Stadt zerstört, sieben lange Jahre war sie menschenleer. Wiederaufgebaut, brannte der Ort 1670 zur einen Hälfte ab, 1672 traf es die zweite.

Nach dem deutsch-französischen Krieg 1871 entwickelte sich in Oderberg die Industrie, vor allem Holzindustrie, sprunghaft. 11 Sägewerke entstanden. 1877 eröffnete die Eisenbahnlinie Freienwalde–Angermünde. In Oderberg gab es einst auch 15 Kahnbauereien, erhalten blieb davon nach 1945 nur eine. Diese Schiffswerft nahm 1948 die

Arbeit wieder auf, war bis 1951 ein SAG-Betrieb (SAG – Sowjetische Aktiengesellschaft), der Schiffe reparierte und baute, wurde dann »volkseigen«. Doch 1963 schließlich verschwand auch die letzte Kahnbauerei aus Oderberg.

Die Stadt gliedert sich in drei Teile: Im Oberkietz befinden sich die ältesten Häuser, das Haus Oberkietz 28 wurde bereits 1680 erbaut. In der Berliner Straße sind noch einige Fachwerkhäuser auf Pfählen zu finden, die aus der Zeit vor dem Trockenlegen des Oderbruchs stammen. Hier lag auch das einstige Klostergelände. Der Bereich südlich der Oder entstand erst nach der Trockenlegung des Bruchs, erste Häuser stammen aus dem 19. Jahrhundert. Die St. Nikolai-Kirche ist von 1850 bis 1855 von Baumeister Gottfried August Stüler, einem Schüler Schinkels, im neugotischen Stil errichtet worden. An den Südhängen der umliegenden Hügel ist bis ins 18. Jahrhundert gar der Weinanbau betrieben worden. Der obere Stadtteil entstand mit der Errichtung der Sprengchemie und Dynamit AG ab 1936. Beide Betriebe spielten im Zweiten Weltkreig ihre Rolle bei der Herstellung von Schießpulver.

Das, wie es sich korrekt nennt, Binnenschiffahrts- und Binnenfischereikundliche Heimatmuseum ist durchaus sehenswert. Es zeigt jedoch nicht nur Schiffahrtskundliches, sondern auch Ausschnitte der frühgeschichtlichen Entwicklung Oderbergs. Ein Modellhaus auf Pfählen verdeutlicht die Bauweise alter Häuser Oderbergs in Uferlage, die dem Hochwasser trotzen mußten. Seit 1979 ist der Seitenraddampfer »Riesa« in der alten, sogenannten Rest-Oder zu bewundern. Der Schiffskörper ruht auf einem festen Unterbau, die Dampfmaschine wurde 1897 gebaut. Die gesamte Antriebsanlage ist erhalten und kann sogar elektrisch

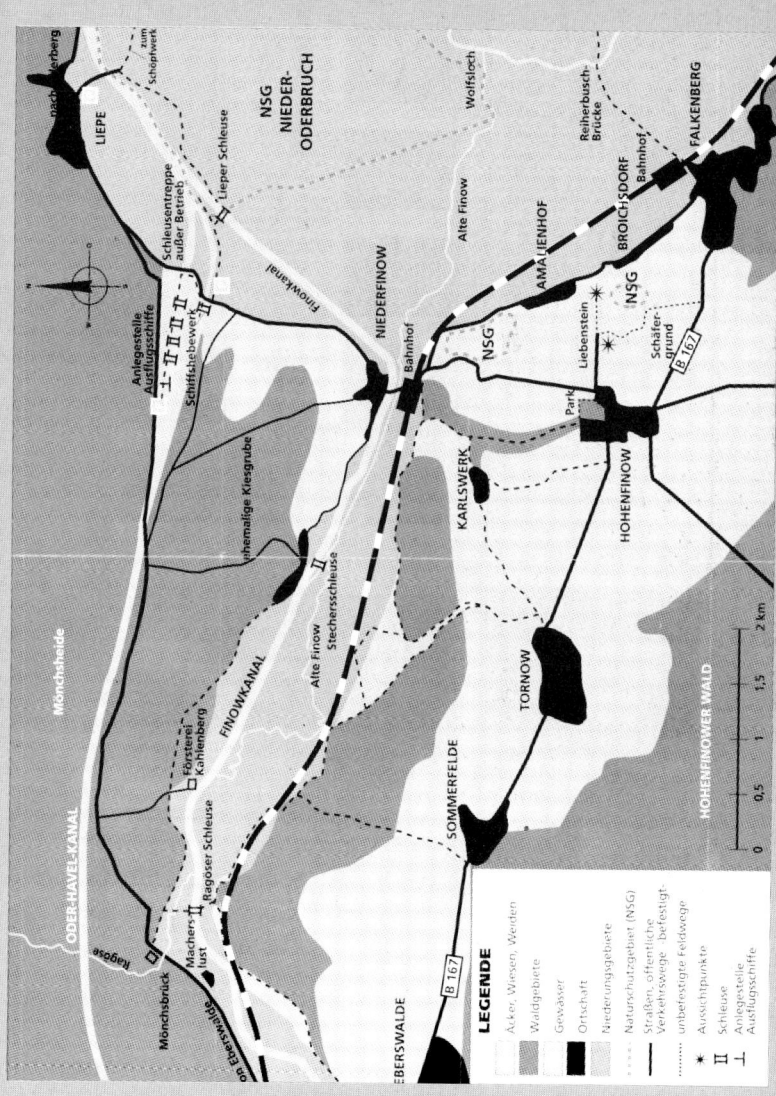

LEGENDE

- Acker, Wiesen, Weiden
- Waldgebiete
- Gewässer
- Ortschaft
- Niederungsgebiete
- Naturschutzgebiet (NSG)
- Straßen, öffentliche Verkehrswege befestigt
- unbefestigte Feldwege
- ✳ Aussichtpunkte
- ⊓ Schleuse
- ⊥ Anlegestelle Ausflugsschiffe

Mönchsheide

ODER-HAVEL-KANAL

nach Eberswalde

Mönchsbrück

Macheside Lust

Ragöser Schleuse

Försterei Kahlenberg

FINOWKANAL

ehemalige Kiesgrube

Alte Finow

Stechersschleuse

EBERSWALDE

B 167

SOMMERFELDE

TORNOW

HOHENFINOWER WALD

0   0,5   1   1,5   2 km

KARLSWERK

HOHENFINOW

Park

NSG

Liebenstein

Schäfergrund

B 167

NSG

AMALIENHOF

BROICH-DORF

FALKENBERG

Reiherbusch-Brücke

Bahnhof

Alte Finow

Wolfsloch

NSG NIEDER-ODERBRUCH

NIEDERFINOW

Bahnhof

Finowkanal

Lieper Schleuse

Schleusentreppe außer Betrieb

Schiffshebewerk

Anlegestelle Ausflugsschiffe

LIEPE

zum Schöpfwerk

nach ...berg

N

bewegt werden. Wegen ihres oszillierenden Prinzips ist sie eine Rarität. Das Schiff gehört eigentlich an die Oberelbe, denn auf der Oder fuhren nie derart große Dampfer. Sowohl die Brücken als auch die Schleusen ließen diese Bauart nicht zu.

Wanderwege in die nähere Umgebung sind ausgezeichnet. Zum Parsteiner See sind acht Kilometer zu überwinden. Der Weg führt durch das Forstrevier Marienpfuhl, biegt vor der Försterei Breitefenn nach rechts ab und führt vorbei am Großen Lindsee und Krebssee zum Parsteiner See, der im Sommer zum Baden und Zelten einlädt. Auf dem Pehlitzwerder, der im Volksmund »Ziegeninsel« heißt, begegnet man noch Resten des östlichen Mauerfußes der Klosterkirche Mariensee. Mönche des Lehniner Klosters hatten es 1258 dort gegründet, am 13. Februar 1258 soll der Bischoff von Brandenburg dazu seine Zustimmung gegeben haben. Johannes I. von Brandenburg hat es als Hauskloster und Grablage gedient. Von ihm und seinem Bruder nämlich ward die Gründungsurkunde ausgestellt, datiert auf den 2. September 1258. Zwei Jahre später war es bezugsfertig. »Mehrere Unbequemlichkeiten«, so Überlieferungen, ließen das Kloster 24 Jahre später an den Amtssee nach Chorin ziehen. Andere sprechen von einem schlechten Baugrund, denn der Weg zur Insel soll mehr Sumpf als See gewesen sein, so daß ein Steindamm erforderlich war, der hinüberführte. Der Parsteiner See hat jedoch im Gegensatz zu anderen märkischen Gewässern so an Wassermenge zugenommen, daß der Steindamm allmählich in den Wassermengen ertrank.

Auf dem Rückweg, vorbei am Naturschutzgebiet Breitefenn (Fenn – norddeutscher Ausdruck für Sumpf-, Moorland), kann man den Findling Großer Stein passieren und über Neuendorf mit seiner Wehrkirche aus der zweiten Hälfte des 13. Jahrhunderts zurück nach Oderberg gelangen. Oder den Weg fortsetzen, um nach etwa 10 Kilometern nach **Stolpe** (Stolpe hat keinen Bahnhof, der nächste in Neu-Künkendorf liegt etwa 6 Kilometer entfernt) zu kommen. Stolpes gibt's in Brandenburg oft, so auch an der Oder, besser an der Hohensaaten-Friedrichsthaler-Wasserstraße. Der Ort war zu allen Zeiten Grenzgebiet, und so entstand schon in slawischer Zeit eine Burg. Ab 1250 war Stolpe Sitz eines markgräfischen Vogtes, wurde 1251 erstmals urkundlich erwähnt. Neben der Burg entwickelte sich ein größerer Burgflecken, gehemmt allerdings durch die ungünstige, wenngleich bizarre Hügelwelt. 1286 verliehen Otto IV. und Konrad der Ansiedlung das Stadtrecht nach dem Muster von Angermünde, doch wuchs sie kaum über eine dörfliche Siedlung hinaus.

1301 wurde Stolpe an Magdeburg verpfändet, 1324 aber durch den Schiedsspruch von König Christoph von Dänemark Brandenburg zugesprochen. Nur ein Jahr später gelangte Stolpe in mecklenburgischen Pfandbesitz, 1354 an Pommern, erst 1446 wieder an Brandenburg zurück. Burg und Städtchen waren Mittelpunkt der Terra Stolpensis, einem eigenen Ländchen in der Uckermark. Im 17. Jahrhundert wurde daraus der Stolpirische Kreis, zu dem Angermünde sowie die Ämter Löcknitz, Brüssow, Chorin und Grimnitz gehörten. Als Verwaltungsinstanz dieses Kreises wurde 1615 eine Stolperische Kreiskammer gebildet. Der Kreis bestand bis zur Kreisteilung im Jahre 1816 fort.

Ein alter Reiseführer berichtet, daß es in Stolpe eingeschossige Fachwerkhäuser aus dem 18. und 19. Jahrhundert gab, die zum Teil mit der Giebelseite zur Straße stehen. Es gibt sie tatsächlich auch heute noch, nur, ihr Fachwerk ist überputzt. Eine Kirche sucht man vergeblich in Stolpe. 1745 brannte die mittelalterliche ab, 1858 entstand eine neue nebst Pfarrhaus. Eine Antwort, warum sie 1935 gesprengt wurde, war nicht zu finden.

Das Schloß, ein zweigeschossiger Bau aus dem Jahre 1553, ist 1917 ausgebrannt und 1921/22 wieder aufgebaut worden. Der Gutspark wurde um 1830 nach Plänen von Joseph Peter Lenné angelegt. Am Ende des Parks gelangt man durch eine Allee alter Kastanien zu der Anhöhe, auf der sich ein kleiner, noch ungepflegter Friedhof befindet. Er ist das Erbbegräbnis der Familie von Buch, der Burg und Landschaft Stolpe 1423 kurzzeitig gehörten, erneut seit 1715. Stolpe war so 1774 Geburtsort des Geologen Christian Leopold von Buch, eines Freundes Alexander von Humboldts. 1853 starb er und wurde in Stolpe begraben.

Bekannt hat Stolpe an der Oder der Bergfried gemacht, der sich auf einem Steilhang etwa 50 Meter über dem Dorf erhebt. Umgeben von hohen Erdwällen hat der gewaltige runde Turm einen äußeren Durchmesser von 17,77 Metern sowie fünf Meter dicke Mauern und gilt als der älteste Turm in Ziegelsteinmauerweise in Deutschland. Im Volksmund wird er »Grützpott« genannt. Um 1170 wurde der Turm von den Pommern errichtet. Um den Verteidigern bei einer Belagerung zusätzlichen Schutz zu bieten, ist der Turm innen bis zu einer Höhe von zehn Metern aus Feldsteinen erbaut. Der Geologe von Buch ließ um 1840 von Norden her einen 20 Meter langen Gang in sein Inneres anlegen, acht Meter unter dem Fuß des Turmes. Er diente als Eingang, ist auch heute noch im Gestrüpp zu finden.

Blick auf den Oderberger Oberkiez

Die Sage berichtet, daß einst der gewalttätige Raubritter Tiloff auf der Burg hauste. Als dieser bei einem Überfall von einem beherzten Kaufmann aus Schlesien erschossen wurde, nutzten dies die Bauern der umliegenden Dörfer, um die Burg zu stürmen. Als den Verteidigern im Turm Pech und Steine ausgingen, versuchten sie sich mit dem Essen, einem dicken Grützbrei, zu verteidigen. Der Schmied von

Stolpe, der diesen abbekam, schlug daraufhin mit den Worten: »Den Grützpott war'n wir bald utschüren« die Bohlentür ein, und der Turm ward erstürmt.

Stolpe liegt inmitten des entstehenden deutsch-polnischen Nationalparks Unteres Odertal, einer Landschaft, die ihresgleichen in Europa sucht. Sie umfaßt die Flußauenlandschaft mit den angrenzenden Hügelketten auf einer Länge von 60 Kilometern zwischen Stettin (Szczecin) im Norden und Zehden/Hohensaaten im Süden, bei zwei bis fünf Metern Breite, insgesamt 32.884 Hektar, von denen 22.400 auf deutscher Seite liegen. Schwedt wurde als Stadt ausgegliedert, hier treffen ökologische und ökonomische Interessen besonders hart aufeinander.

In den drei Zonen des Nationalparks gibt es 226 Vogelarten und 108 Pflanzengesellschaften. Die Zonen I und II sind die eigentliche Nationalparkregion, Zone III umschließt diese Gebiete als Puffer. Zone I, ein 7.390 Hektar großes Areal, das zum größten Teil auf polnischer Seite liegt, ist für jeglichen Besucherverkehr gesperrt. Innerhalb der Zone II darf mit gültiger Erlaubnis und natürlich an dafür ausgewiesenen Gewässerabschnitten geangelt werden, auch wenn mit zeitlicher Beschränkung. Auch sollen Wanderwege noch gekennzeichnet werden.

Genüsse in historischen Gemäuern

Vom Choriner und Angermünder Musiksommer

ANREISE NACH CHORIN ÜBER DIE B2 ÜBER BERLIN-WEISSENSEE, BER-
NAU UND EBERSWALDE-FINOW (PER AUTO ETWA 55 KILOMETER),
ODER MIT DER BAHN RICHTUNG STRALSUND BIS ZUR STATION CHORIN
KLOSTER, VON DORT IST ES EIN FUSSWEG VON ETWA 30 MINUTEN

Z wischen Mai 1270 und August 1272 zog das Kloster
Mariensee um – vom Pehlitzwerder im Parsteiner See
an den Amtssee. Eine markgräfliche Urkunde spricht
zum ersten Mal am 1. August 1272 von der »ecclesia sancte
Marie virginis in Koryn«. Die Verlegung des Klosters an den
Amtssee indes interpretiert Theodor Fontane eher als eine
Zusammenlegung. Denn »richtiger wohl«, schreibt er, sei
eine Vereinigung des Klosters Mariensee »mit einer neuen
klösterlichen Pflanzung, die sich bereits am Choriner See
befinden mochte«. (Der Name Amtssee hat sich erst nach
der Säkularisierung eingebürgert.) Fontanes Annahme
gründet sich auf eine Steintafel-Inschrift, die bis 1769 im

Kloster Chorin vorhanden gewesen sein soll. Derzufolge wurde Markgraf Johannes I., Kurfürst zu Brandenburg, anno 1254 allhier begraben, woraus zu schlußfolgern wäre, daß es um diese Zeit herum so etwas wie einen Klosteranfang, wenigstens mit einer Grabkapelle, gegeben haben muß.

Aber wie dem auch sei, das Kloster am Nordufer des Amtssees präsentiert sich dem Reisenden in seiner vollen Schönheit, egal, aus welcher Richtung er auch kommen mag. »Wer ... plötzlich zwischen den Pappeln hindurch diesen still einsamen Prachtbau halb märchenartig, halb gespenstisch auftauchen sieht, dem ist das Beste zuteil geworden ...«, meinte Fontane. Das **Kloster Chorin** entstand in der Übergangszeit von der Romantik zur Gotik, so daß sich dem Betrachter Bauelemente beider Epochen erschließen. Die zudem ersichtlichen orientalischen Einflüsse lassen die weite Verbreitung des Zisterzienserordens im 13. und 14. Jahrhundert erahnen. Das Kloster gilt als der erste gelungene Versuch des Ziegelbaus, was dazu führte, das der in Chorin angewandte Baustil richtungsweisend nicht nur für die unmittelbare Umgebung des Klosters, sondern darüber hinaus für ganz Norddeutschland wurde.

Überhaupt war der Einfluß des geistlichen Ordens für die Besiedlung und die Kultur der uckrischen Gebiete von hoher Bedeutung. Die Geistlichen bestimmten die Gesittung und Lebensgewohnheiten der Gegend. Als Baumeister schufen die Mönche nicht nur ausgedehnte Klosteranlagen, sondern auch zahlreiche Feldsteinkirchen, zumeist nach dem gleichen Bauplan. So ähneln sich die meisten Kirchen in der Uckermark und sind nur durch Zusätze der folgenden Jahrhunderte abgewandelt. Der Adel hatte die Bedeutung der Klöster als Ordnungszellen erkannt. So stiftete und rüstete er sie als Grundherr mit reichem Besitz an Dörfern, Land oder Wald aus. Chorin beispielsweise verwaltete den südlichen Teil des Kreises Angermünde bis hin zur Oder und war damit reicher als das Mutterkloster Lehnin; schon 1334 gehörten ein Städtchen (Niederfinow), 22 Dörfer (darunter Chorin, Brodowin, Pehlitz), drei Güter, sechs Ortsteile, 5.000 Morgen Land, 23 Seen, 11 Mühlen, sechs Weinberge und zahlreiche Wiesen zu seinem Besitz.

Das Leben der etwa 400 Konversen (Arbeitsmönche) und der 60 bis 80 Betmönche war hart, die strengen Regeln bestimmten neben der körperlichen Tätigkeit auch täglich sieben Andachten, deren erste schon um 2 Uhr, die letzte meist erst spät in der Nacht abgehalten wurde. Verständlich, daß die Lebenserwartung bei nur 30 Jahren lag. Im Unterschied allerdings zu den Betmönchen konnten die Konversen das Kloster jederzeit verlassen. Die Zisterzienser können auf großartige Werke bei der Einführung fortschrittlicher Methoden im Acker- sowie Gartenbau verweisen. Chorin ist für seinen vorbildlichen Wein- und Ackerbau bekannt.

Nachdem der brandenburgische Kurfürst zum protestantischen Glauben übergetreten war, gingen das Kloster Chorin und dessen Besitz 1542 in das Eigentum des Landesherrn über. Zunächst diente der Bau als Viehstall, dann als Steinbruch. Nach dem Dreißigjährigen Krieg versuchte der Kurfürst, holländische und französische Einwanderer (Hugenotten) anzusiedeln. In Brodowin (nur sechs Kilometer von Chorin entfernt) zeugen auf dem Friedhof die Gräber von Hugenotten aus dem 17. Jahrhundert dafür ebenso wie manche Namen, die in das Denkmal vor der Kirche zum Gedenken an die gefallenen Brodowiner im Ersten

Weltkrieg eingemeißelt wurden. Auffälligstes Kennzeichen Brodowins ist allerdings eher die 1853 errichtete neugotische Kirche, da ihr Entwurf vom bekanntesten Schinkel-Schüler Friedrich August Stüler stammt. 1653 ging die Verwaltung des Amtes Chorin an das Schulamt in Joachimsthal über. Friedrich Wilhelm I. verpachtete es 1721.

Bereits im 17. Jahrhundert begannen die Klostergemäuer zu verfallen. Als besonders verhängnisvoll erwies sich das Abdecken des Kirchendaches im Jahre 1660, denn daher rührte offensichtlich der Einsturz des Gewölbes Anfang des 18. Jahrhunderts. Das führte allerdings nur dazu, die so gewonnenen Dachsteine zum Ausbessern des Joachimsthaler Gymnasiums zu verwenden. Erst im frühen 19. Jahrhundert konnte dem Zerfall des Klosters gewisser Einhalt geboten werden. 1828 begann – angeregt von Friedrich Karl Schinkel – eine systematische Sicherung der Ruine. 1910 bis 1912 wurde das Kirchenschiff in seiner ursprünglichen Form neu eingedeckt, 1927 das Dach des Westflügels rekonstruiert.

Die 1334 eingeweihte turmlose Klosterkirche war einst eine dreischiffige Backsteinbasilika. Sie stimmt in ihren Abmessungen mit der Kirche des Mutterklosters Lehnin überein. Das Glanzstück der Kirche, die Westfassade mit ihren steilen Strebepfeilern und Maßwerkfenstern, macht Chorin zum schönsten und prächtigsten Werk der märkischen Backsteingotik. 1954 konnte sie neu bleiverglast werden, ehe 1966 die übrige Westseite folgte. Die Südwand fehlt der Klosterkirche, die seit 1963 eine herrliche Kulisse für die Choriner Sommerkonzerte mit einmaliger Akustik bietet. Unmittelbar an der Klosterkirche befindet sich ein kleiner, 700 Jahre alter Friedhof. Dort findet man das Grab des Ruinenwärters Karl Jordan, der von 1888 bis 1928 lebte und dessen Frau konsterniert auf den Grabstein schreiben ließ: »Er liebte seine Ruine.«, gemeint ist offensichtlich Chorin. Die hier ebenfalls bestatteten Forstmeister, Professoren für Waldbau sowie ein königlicher Garten- und Hegemeister haben der im 19. Jahrhundert entstandenen Forstakademie in Eberswalde zu einem guten Ruf verholfen; seit 1861 wird das Klostergelände vom Eberswalder Forstamt verwaltet.

Die Klosterruine betritt der Besucher durch das Pfortenhaus. Vorbei an der Klosterküche kommt er in den Innenhof. Das Klostergebäude soll etwa gleichzeitig mit dem Kirchenbau entstanden sein. Der Kern ist ein Kreuzgang mit vier Flügeln. Während der nördliche und der südliche heute fehlen, sind das Erdgeschoß des Ostflügels und der fast vollständige Westflügel erhalten. Die Konsolen am Kreuzgang sind verschiedenartig gestaltet und wunderbar restauriert, sie stellen unter anderem Akanthus-, Klee- und Eichenblätter dar.

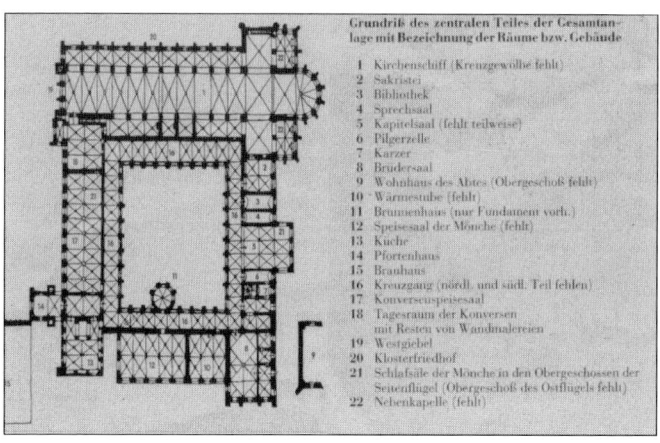

Grundriß des zentralen Teiles der Gesamtanlage mit Bezeichnung der Räume bzw. Gebäude

1 Kirchenschiff (Kreuzgewölbe fehlt)
2 Sakristei
3 Bibliothek
4 Sprechsaal
5 Kapitelsaal (fehlt teilweise)
6 Pilgerzelle
7 Karzer
8 Brüdersaal
9 Wohnhaus des Abtes (Obergeschoß fehlt)
10 Wärmestube (fehlt)
11 Brunnenhaus (nur Fundamente vorh.)
12 Speisesaal der Mönche (fehlt)
13 Küche
14 Pfortenhaus
15 Brauhaus
16 Kreuzgang (nördl. und südl. Teil fehlen)
17 Konversenspeisesaal
18 Tagesraum der Konversen
   mit Resten von Wandmalereien
19 Westgiebel
20 Klosterfriedhof
21 Schlafsäle der Mönche in den Obergeschossen der
   Seitenflügel (Obergeschoß des Ostflügels fehlt)
22 Nebenkapelle (fehlt)

Ein viel besseres Bild von dem, was einst die reiche Choriner Klosteranlage war, vermag sich der Besucher nach den jüngsten Ausgrabungen zu machen. Dem Kloster südlich vorgelagert fand man einen etwa 100 Jahre älteren Feldsteinbau, der die Umrisse einer Mühle erkenntlich macht. Durch ein ausgeklügeltes Grabensystem sollen sich hier sieben Mühlräder gedreht haben, von denen wenigstens eins demonstrativ wieder hergerichtet wird. Begonnen hat die Sanierung des ehemaligen Brauhauses, das künftig das Klostermuseum beherbergen wird. Derzeit sind zahlreiche Funde im Kellergewölbe des Klosters zu besichtigen.

Von 1832 stammt ein Landschaftsverschönerungsplan Joseph Peter Lennés, der auch den benachbarten Weinberg und den Amtssee in die Gestaltung einbezog. Der schluchtartige Nettelgraben war eine der Begrenzungslinien in Lennés Plan. Der Graben übrigens ist eine brillante Leistung der Choriner Mönche. Im 13. Jahrhundert angelegt, sorgte der etwa 15 Kilometer lange Schacht zum Amtssee für die Entwässerung des Parsteiner Sees. Der Lenné-Park ist nur in Ansätzen umgesetzt worden. Ende des 19./Anfang des 20. Jahrhunderts entstand daraus ein forstbotanischer Garten der Forstlichen Hochschule Eberswalde (heute Institut für Forstwissenschaften), gegründet vom Forstwissenschaftler Pfeil.

Um 1930 wurde die Klosterumgebung erneut bepflanzt, und Anfang der 90er Jahre scheint man diese Idee wieder aufzugreifen.

Am **Amtssee** breitet sich zuweilen eine eigentümliche Ruhe aus, wenn nicht gerade Wochenende ist und die Besucher zuhauf die Klostergemäuer belagern. Der Sage nach hätten sich Mönche bei ihren Gebeten vom Quaken der Frösche gestört gefühlt, sodann die Tiere verflucht. Seitdem habe sich hier nie wieder ein Frosch sehenlassen. Das kann nicht stören bei einem Spaziergang um den See (etwa drei Kilometer), der an seinem Nordostufer zum Baden einlädt. Auf der anderen Seite der B 2 beginnt am Weinberg ein 12 Kilometer langer Wanderweg in das älteste Naturschutzgebiet Preußens, ins urwaldhafte Plagefenn, dessen Erlenbrüche und Hochmoore seltene Moorpflanzen präsentieren. Der Forstmeister Dr. Kienitz aus Chorin hatte 1906 beim Ministerium für Landwirtschaft, Domänen und Forsten beantragt, den Großen Plagesee sowie dessen kleineren Namensbruder mit ihren Ufern, Werdern und Fennen von einer weiteren Bewirtschaftung auszuschließen und als Naturdenkmal zu bewahren.

Mit einem Erlaß des Ministers vom 4. Februar 1907 wurde seinem Antrag stattgegeben, und nachdem mit dem 30. Mai 1908 auch die Fischereipacht endete, war so das erste Naturschutzgebiet der Mark Brandenburg entstanden. Das Plagefenn gehört ebenso wie das Breitefenn zum Landschaftsschutzgebiet »Choriner Endmoränenbogen«. Die geographische Besonderheit eines bogig verlaufenden Höhenrückens war namensgebend. Wie im Schulbuch bieten sich die geologischen Abfolgen dar: Grundmoräne – Endmoräne – Sander – Urstromtal, die durch Eisbewegung und -schmelze vor ziemlich 15.000 Jahren erschaffen wurden.

Nach nur 15 Kilometern auf der B 2 gelangt der Reisende von Chorin nach **Angermünde**, eine hübsche kleine Kreisstadt am Mündesee mit vielen historischen Gebäuden. Zwischen 1230 und 1267 wurde sie von den Markgrafen Johann I. und Otto III. gegründet. Aber nicht die Stadt war

das Entscheidende, ihre Keimzelle ist eine Burg an der Nord-
westseite, die erstmalig 1277 erwähnt wird. Von ihr, erbaut
in einem morastigen Gebiet nahe dem Mündesee, sind
kaum noch Reste zu finden. Von einem ehemals eckigen
Backsteinturm existieren nur noch untere Teile, an die sich
links und rechts Elemente der Umgrenzungsmauern
anschließen.

Angermünde findet zusammen mit Prenzlau und
Schwedt die erste urkundliche Erwähnung als »civitas«
(Stadt) am 13. August 1284. Der Name der Stadt ist offensichtlich dem altmärkischen Tangermünde entliehen, das
häufig Angermünde genannt wurde. Die Angermünde
damals beigelegte Bezeichnung »Nova Angermunde«
hatte sich bis ins 19. Jahrhundert erhalten. Für ein schnelles
Aufblühen der Stadt spricht, daß sie 1313 in der Lage war,
alle Seen im Lande Stolpe von Markgraf Waldemar zu kaufen. Bis 1317 hatte die Straße Berlin – Stettin über Niederfinow, Oderberg, Stolpe und Schwedt geführt. Deren Verlegung über Eberswalde und Angermünde brachte weiteren
Aufschwung, was unter anderem den obersten kirchlichen
Würdenträger, den Probst, Mitte des 14. Jahrhunderts
veranlaßte, Angermünde statt des abgelegenen Stolpe als
Verwaltungssitz zu wählen.

Doch schon bald sollte Angermünde die Folgen des Zer-
falls der askanischen Macht zu spüren bekommen. Nach
dem Tode des Markgrafen Waldemar stritten Pommern und
Mecklenburg um die Ansiedlung. Galt sie ab 1323 mit
Templin und Strasburg als mecklenburgisch, ward sie ab
1354 pommerscher Besitz. Im Januar 1348 ging die Stadt
gar ein Trutzbündnis mit Templin, Pasewalk und Prenzlau
zum Schutz gegen den falschen Waldemar ein.

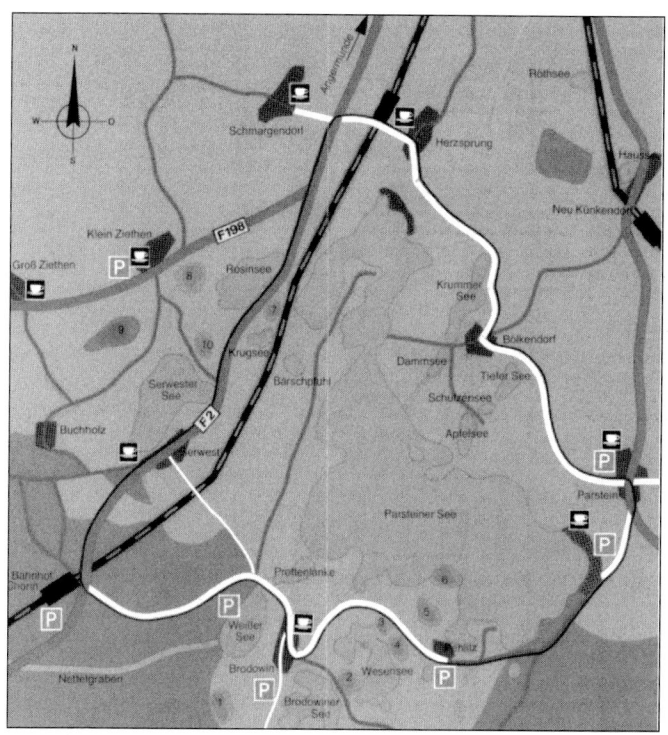

Zwischen Chorin und Parstein:
Naturerlebnisse in der Eberswalder Umgebung

Das Jahr 1420 brachte einen Umschwung: In einem drei Tage während Kampf eroberte Kurfürst Friedrich I. die Stadt für Brandenburg zurück, nachdem er in einer Frühlingsnacht mit seinen Mannen und mit Hilfe der Franziskanermönche durch ein Loch in der südlichen Stadtmauer vor Angermünde in die Stadt gelangt war. 1427 schließlich leistete Pommern seinen endgültigen Verzicht auf die Stadt und seine Burg, die allmählich verfiel, denn als Festung gegen Pommersches Feindesland hatte sie nun ausgedient.

Um 1600 lebten in Angermünde 1460 Einwohner. Der Dreißigjährige Krieg aber verwüstete die Stadt arg, die Einwohnerzahl sank auf 100. Erst mit der Einwanderung der Hugenotten ab 1687 und der Einrichtung einer Garnison mit etwa 300 Soldaten im Jahre 1694 kam Schwung in die Entwicklung des Städtchens. Im 17. Jahrhundert wurden viele Straßen als Poststraßen eingeführt, und da Angermünde im Kreuzungspunkt mehrerer Strecken lag, ward sie bald zu einer wichtigen Haltestation für die Rast und den Pferdewechsel. Immerhin benötigte man damals für die Strecke Berlin – Stettin 36 Stunden, und nicht selten blieben die Kutschen im aufgeweichten märkischen Sand stecken. Erst 1842 ist mit dem Anschluß an die Bahn die Bahnpost eingeführt worden, wobei in Gartz erst 1913 die letzte Postkutschen-Verbindung des Kreises Angermünde eingestellt wurde. Auf Betreiben der Reformer Stein und Hardenberg entstand 1816 in Angermünde der Sitz des ordentlichen Landratsamtes, Angermünde bildete damit im aufgelösten Verwaltungsbezirk Uckermark den dritten Kreis.

Der Eisenbahnbau hatte der Stadt, die vorwiegend Ackerbürger und Handwerker beherbergte – Angermünde war 1340 der Hanse beigetreten –, einen wirtschaftlichen Aufschwung gebracht. Eine Gasanstalt entstand, 1883 wurde ein Emaillewerk gegründet, eine Molkerei und ein Schlachthof wurden geschaffen und um die Jahrhundertwende kam ein Kalksandsteinwerk dazu. Doch die Industrie hat in Angermünde mit heute 12.000 Einwohnern nie so richtig Fuß gefaßt.

Die 30 Meter hohe Kirche des einstigen Franziskanerklosters ist die Zierde der Stadt und als ein bedeutender Nachfolgebau des Choriner Klosters berühmt. Es ist unbekannt, wann das Kloster begründet wurde; 1302 jedenfalls wird es erstmals erwähnt. Davor hatten sich, damals noch abseits des Ortes, die ersten Bettelmönche niedergelassen, die ohne jeglichen Landbesitz auf Bürgerspenden und die Gunst der Stadtherren angewiesen waren. Zuerst entstand eine einschiffige Hallenkirche aus Feldsteinen mit einer flachen Holzbalkendecke. Doch schon bald begannen die Bettelmönche mit dem Bau einer größeren Anlage. Die zu jener Zeit errichtete Stadtbefestigung schloß das Klostergelände ein. Es lag zwischen Kirche und Stadtmauer, wie einem Stadtplan von 1724 zu entnehmen ist. Obwohl die Baupläne mehrfach verändert wurden, hatte das Klostergebäude – erste umfangreiche Beschreibungen stammen aus dem Jahr 1760 – wahrscheinlich einen zweistöckigen Kreuzgangflügel.

Das Angermünder Franziskanerkloster gehörte zu den beiden letzten in Ostdeutschland, in dem das Mönchsleben auch nach der Reformation seinen alltäglichen Gang ging. (1540 wurde in der Uckermark die Reformation eingeführt und in einigen Orten wie Angermünde blieb der katholische Pfarrer nach dem Übertritt zum evangelischen Glauben im Amt.) Auch dann noch, als der Kurfürst Joachim II. das Kloster 1556 an seinen Hauptmann Hans Flanß verschenkte. Doch schon bald wurden die Nachrichten von den Ordensbrüdern immer dürftiger, bis sie völlig versiegten. Für 1.000 Taler erwarb die Stadt 1567 das Klostergelände; es diente als Truppenmagazin, Lager- und Exerzierraum, Feuerwehrdepot und gar als Behelfskirche für die eingewanderten

Hugenotten. Die im Dreißigjährigen Krieg arg beschädigte Kirche sollte im Jahre 1800 total abgerissen werden, was 1802 dann nur das baufällige Kreuzgewölbe traf.

1841 begannen erste Instandhaltungsarbeiten an der Klosterkirche, nur sind sie bis auf den heutigen Tag nicht abgeschlossen. An der Südwand lassen sich noch ehemalige Anbauten ausmachen wie der Kreuzgang. Bei Ausgrabungen im Jahre 1934 wurden die Kellerräume eines mittelalterlichen Brauhauses gefunden.

Folgt man der Klosterstraße in Richtung Stadt, baut sich an deren Ende die gotische Heilig-Geist-Kirche auf. Es wird angenommen, daß sie ursprünglich außerhalb der Stadt lag, aber durch die Stadterweiterung nach Süden hin in die Stadtbefestigung einbezogen wurde. Die Kirche, die mit ihrem seit 700 Jahren nahezu unveränderten Antlitz zu den ältesten Gebäuden der Stadt gehört, entstand Mitte des 14. Jahrhunderts zusammen mit einem Hospital »Zum Heiligen Geist«. Zu mittelalterlicher Zeit wurden hier nicht nur Kranke behandelt, auch Reisende fanden Unterkunft und Verpflegung, bis sich am nächsten Morgen wieder die Stadttore öffneten.

Wer den Weg nach links fortsetzt, erreicht schon bald die Reste der mittelalterlichen Stadtbefestigung mit dem Pulverturm, vorbei an einem kleinen Park, der Friedenspark genannt wird. Bis 1890 wurde er noch als Friedhof genutzt, heute erinnern daran lediglich zwei Sandsteintafeln. Weithin sichtbar dafür ist das Denkmal für die Gefallenen des Zweiten Weltkrieges, für die deutschen und sowjetischen. Einst befand sich hier das Berliner Tor, das von den insgesamt vier Stadttoren das größte und schönste gewesen sein soll. Die im 13. Jahrhundert erbaute Stadtbefestigung sei, so wird berichtet, eine für damalige Verhältnisse vergleichsweise mächtige Mauer gewesen, die zudem völlig aus teuren roten Backsteinziegeln errichtet ward. Die an den Ausfallstraßen erbauten Tore dienten als Zollstationen und gaben Wachmannschaften ein Domizil. Über 500 Jahre prägten die Tore die Stadtansicht, ehe sie zwischen 1827 und 1846 auf Anweisung der brandenburgisch-preußischen Regierung dem anwachsenden Straßenverkehr geopfert wurden.

Übrig blieb der wuchtige fünfgeschossige Pulverturm mit Zinnenkranz und Storchennest. Für diejenigen, die mit dem Recht und Gesetz in Konflikt gerieten, eine überaus unangenehme Erscheinung. Allein das untere, fensterlose Geschoß hat 2,5 Meter dicke Mauern, und der Zutritt war nur mit Hilfe einer Strickleiter möglich. Seinen Namen erhielt der Turm allerdings erst im 18. Jahrhundert, als dort die Pulvervorräte der Stadt verwahrt wurden. Heutzutage nutzt das Museum die Räume.

Andere Teile der alten Stadtbefestigung sind an der Burgruine am Schloßwall zu finden. Von dort verlief sie in Richtung Stadtmitte, wobei sich an der heutigen Prenzlauer Straße einst das Kerkower Tor (später in Prenzlauer Tor umbenannt) erhob. Es verschwand 1829, als die Chaussee nach Norden neu gebaut wurde. Auf dem Oberwall kann der Reisende bei einem fast vollständigen Rundgang den früheren Verteidigungsring um die Stadt nachvollziehen. An der Kirchgasse erhebt sich die Pfarrkirche St. Marien, eine ursprünglich frühgotische, dreischiffige Hallenkirche mit einem 56 Meter hohen Turm. 1240 wurde der Bau mit Feldsteinen begonnen und 200 Jahre später in Backsteinbauweise fortgesetzt, im 15. Jahrhundert erweitert.

Die ältesten Stücke in der Kirche sind die bronzene Taufe aus dem 13. Jahrhundert und die mittelalterliche, 2,80 Meter lange Einbaumtruhe, die reich mit Eisenbändern beschlagen ist. Einst soll sie den Angermünder Schatz von 4.000 Silbermark verborgen haben, der im Jahr 1278 als Lösegeld für die Befreiung von Markgraf Otto IV. aus Magdeburger Gefangenschaft gedient hat. 1978 wurden bei Restaurierungsarbeiten Reste einer figürlichen Ausmalung aus dem 16. Jahrhundert im Chor und in der Nordkapelle freigelegt. In der Marienkapelle befindet sich eine der ältesten Grabplatten des Kreises Angermünde (1526) mit den Porträts von Nikolaus von Arnim und seiner Frau, Anna von Rohr, die beide im Franziskanerkloster beigesetzt worden sein sollen.

Auch für Kenner oft unbekannt ist eine der wertvollsten Barockorgeln in der Pfarrkirche. Sie ist von 1742 bis 1744 von Joachim Wagner geschaffen worden. Bei wem er in die Orgelbaulehre trat, ist unbekannt. Mit Sicherheit aber weiß man davon, daß Wagner vermutlich als Geselle auf Wanderschaft 1715/1716 in die Orgelbauwerkstatt von Gottfried Silbermann eingetreten ist. Sein erstes selbständiges Werk war die gewaltige Orgel in der Berliner Marienkirche, auf die sich der Ruf Wagners gründete. Über 30 Orgelwerke entstanden unter den Händen Wagners, von denen heute noch einige erhalten sind: neben Angermünde im Brandenburger Dom und in der Liebfrauenkirche zu Jüterbog. Trotz seines unermüdlichen Wirkens scheint es Wagner nicht gelungen zu sein, sein Leben wirtschaftlich abzusichern. Als er 1749 in Salzwedel (Sachsen-Anhalt) starb, wo er für die

Die Marienkirche in Angermünde

Marienkirche seine letzte Orgel baute, erschien im Kirchenbuch folgende Eintragung: »Den 23. Maji ist der Orgelbauer Wagner verstorben, und da er vor der Hand hier nichts gehabt, hat auch seinetwegen hier nicht berechnet werden können, ist den 24. Maji Abends auf dem Kirchhof beygesetzet.«

Bei alljährlich stattfindenden Angermünder Sommerkonzerten ist der außerordentliche Klang der Orgel zu bewundern. Wagner, der stets im Schatten von Gottfried Silbermann stand, war einer der Großen der Orgelbaukunst, weshalb man ihn auch den »Silbermann des Nordens« nennt.

Am Hohen Steinweg fällt ein Fachwerkhaus auf, dessen Giebel zur Straße weist. Es soll schon vor 1705 erbaut worden sein und ist das älteste Haus der Stadt; die Jahreszahl über der Tür deutet offensichtlich auf einen Umbau hin. Von Südwest nach Nordost erstreckt sich der Marktplatz. Das Rathaus in dessen Mitte, jetzt ein schlichter, neuzeitlicher Putzbau, soll 1828 auf den Grundmauern des gotischen Vorgängers errichtet und 1923 um zwei Seitenflügel erweitert worden sein. Der Marktplatz, umgeben von zweigeschossigen Fachwerkhäusern der letzten drei Jahrhunderte, teilweise unter Putz, diente im Mittelalter als Vieh- und Krammarkt. Händler boten ihre Waren feil und Handwerker ihre Dienste. Aus den einstigen Höckerbuden entstanden vielleicht die zwei kleineren inselartigen Marktviertel.

Der gelbe Backstein-Klinkerbau aus dem Jahre 1879 hinter dem Rathaus beherbergt das Kreisgericht. Zuvor war an dieser Stelle der Angermünder Exerzierplatz. Das Postamt stammt aus dem Jahr 1938. Rechts vom Marktplatz fällt ein eingeschossiger Fachwerkbau mit reichverzierten Holzstützen der überragenden Dachkonstruktion ins Auge. Dieser Bau aus dem 18. Jahrhundert ist die ehemalige Ratswaage, die ab 1869 als Wach- und Arrestlokal des Füsselier-Bataillons 8 des Brandenburgischen Infanterie-Regiments Nr. 64 »Prinz Friedrich Carl von Preußen« gedient hatte. Seit 1905 ist die freiwillige Feuerwehr seiner habhaft geworden. Wen das Emailleschild an der Seite mit dem Namen Ernst Thälmann und dem Datum seiner Ermordung durch die Nazis verwirren sollte, es erinnert nur an längst vergangene DDR-Zeiten, als die angrenzende Straße noch Ernst-Thälmann-Straße hieß, bevor sie wieder in »Hoher Steinweg« umbenannt wurde.

Auf berühmte Leute, die in Angermünde weilten, gibt es nur gelegentlich einen Hinweis. Wer weiß schon, daß der spätere »Hauptmann von Köpenick« bei seinen ersten kleinen Betrügereien ausgerechnet in Angermünde geschnappt wurde. Oder daß Heinrich Zille, der 1887 als Landwehrmann seinen Reservistendienst in Frankfurt/Oder abzuleisten hatte, die Stadt Angermünde während eines Manövers kennenlernte. Ja, und dann war da noch Fürst Otto von Bismarck, der eine nähere Beziehung zu Angermünde durch seine Schwester Malwine fand. Sie hatte 1844 die Ehe mit dem Regierungsassessor und Rittergutsbesitzer Oskar von Arnim-Kröchlendorf geschlossen, der ab 1. April 1845 Landrat von Angermünde war und dort vorübergehend seinen Wohnsitz nahm.

Einer, der zwar 12 Kilometer entfernt in dem kleinen Dorf Biesenbrow geboren wurde und nie in Angermünde gewohnt hat, erfährt dennoch höchste Aufmerksamkeit in der Stadt. Eine Buchhandlung, ein Kindergarten, eine Schule, eine Straße und vieles mehr, sie alle tragen seinen

Namen: Ehm Welk. Wahrscheinlich ist einer seiner Buchtitel bekannter als der Autor: »Die Heiden von Kummerow«. 1974, anläßlich seines 90. Geburtstages, wurde ein Fachwerkhaus mit Anbau in der Angermünder Puschkinstraße als Museum für Leben und Werk des Dichters eingeweiht.

Nur 30 Minuten gemächlichen Schrittes vom Bahnhof entfernt liegt die Gehegemühle – mit einer bewegten Geschichte. Denn eigentlich war es eine Mühle, um die Mühlenbesitzer und Stadt in einem lange währenden Dauerstreit lagen. 1374 findet sie eine erste Erwähnung, um 1910 etwa wird der Mühlenbetrieb aufgegeben. Ein Jahr später wird ein Restaurant eröffnet, nachdem das Mühlenrad abgebrochen, das Mühlengebäude ausgebaut und anstelle des alten Mühlengrabens eine bequeme Zufahrtsstraße errichtet worden war. Der alte Mühlenteich wurde trockengelegt, das Mühlenfließ umgeleitet. 1926 kam das ehemalige Mühlengrundstück in den Besitz der Stadt zurück, und neben einem weithin bekannten Gartenlokal entstand auch eine Pension. Die Stadt verkaufte das Areal 1935 erneut und pachtete es nach dem Krieg bis 1958 als Altersheim. Seit 1959 ward es wieder Restaurant, mit einem Wildbratstand und Kremserfahrten (seit 1970). Bis zum Anfang der siebziger Jahre, dann mußte die Gehegemühle wegen Baufälligkeit geschlossen werden. Aber die Wende soll alles wiederbeleben: Restaurant, Pension selbst Reit- und Fahrtouristik.

Verläßt man Angermünde auf der B 198 in Richtung Prenzlau, durchquert der Reisende nach nur wenigen Kilometern das Dorf **Kerkow**. Das typische Kolonialdorf soll erstmalig 1348 erwähnt worden sein, obwohl von einer Familie von Kerkow schon im 13. Jahrhundert die Rede ist.

Kerkow gehörte zu dem 1354 an Pommern abgetretenen Teil der Uckermark, und kam erst 1427 wieder zur Mark Brandenburg zurück. Seit 1522 soll der als Amtsmann auftretende Berthold Flanß in schwerem Konflikt mit Angermünde gelegen haben, zu dessen Besitz das Dorf zählte, alldieweil sich dieser Rechte in Kerkow aneignete. Als Gutsherren erscheinen später nur noch die Arnims, 1632 soll es an den Oberstleutnant Adam Valentin von Redern zusammen mit dem benachbarten Görlsdorf verkauft worden sein. Sehenswert ist die Kirche. Sie gehört zu den besterhaltenen und schönsten Dorfkirchen in der Uckermark. Der Feldsteinbau aus sorgfältig bearbeitetem Material ist in seinem Grundriß ein nicht allzu langes Schiff mit gerader Balkendecke, einem eingezogenen gewölbten Chor und einem Turmhaus aus dem 18. Jahrhundert.

Von Kerkow empfielt sich die Abfahrt in Dorfmitte links nach Wolletz (etwa 10 Kilometer). Bevor die Hauptstraße neben der Bahnstrecke nach links abbiegt, taucht rechterhand Görlsdorf auf. Das Landbuch, das den Ort erstmals um 1375 erwähnt, schildert das in der Kolonialzeit gegründete Dorf als ziemlich wüst. Viel scheint sich seither nicht geändert zu haben. Der Besitzer soll ein Bertram von Greiffenberg gewesen sein, ehe es an Herrn von Redern überging. Nach dem Tod des letzten männlichen Sprosses der Familie von Redern im Ersten Weltkrieg kam das Dorf durch die Heirat der ältesten Tochter des 1910 gestorbenen Grafen von Redern im Jahre 1917 in den Besitz des Fürsten Lynar aus einer seit dem 17. Jahrhundert in Lübbenau ansässigen Familie. Mit dem Besitzerwerb stieg Fürst Lynar in der Adels-Nomenklatura auf: er erhielt die Genehmigung, sich Graf von Redern zu nennen.

In **Görlsdorf** stand einst ein Schloß, im 18. Jahrhundert erbaut. Davon existieren jedoch nur noch klägliche Reste, ebenso wie von der Orangerie. Das Schloß wurde nach dem Zweiten Weltkrieg gesprengt und geplündert, bis auf den Schloßschatz, der noch immer in den Waldungen um Görlsdorf begraben liegt und den der Schloßerbe nun zu heben gedenkt. Der Wasserturm hat erst vor 15 Jahren das Zeitliche gesegnet, und das Gleiche könnte die Kirche ereilen. Der schlichte Putzbau aus dem Jahre 1804 mit einem 1854 vorgebautem quadratischen Turm kümmert vor sich hin und wird derzeit als Lager für Baumaterial mißbraucht. Hinter der Kirche, ein trauriger Anblick heute, lag die einstige Schloßgärtnerei mit einem französischen Obstgarten. Ein kleines Denkmal war der 1788 gestorbenen Fürstin von Redern von ihren Kindern gewidmet worden. Es soll in Görlsdorf auch ein Mausoleum gegeben haben, das – so wird im Dorf berichtet – Ende der sechziger Jahre abgerissen wurde. Warum, weiß man nicht.

Pferdeliebhaber können gleich nebenan im Gestüt herrliche Tiere und ein seltenes Handwerk bewundern. Karin Wendt ist »Meisterin des edelmetallverarbeitenden Handwerks«, jedenfalls gibt's bei ihr Schmuck, Türschilder, Bilder und manches mehr zu sehen und zu kaufen.

Weiter in Richtung **Wolletz** begibt sich der Reisende in ein geheimnisumwittertes Gelände, in das 190-Seelen-Dorf am Ostrand der Schorfheide, versteckt hinter einem dichten Waldgürtel. Bis zur Wende gehörten der See und die benachbarten Wälder dem Jagdherrn Mielke und waren streng bewacht. Eine friedliche Fachwerkkirche von 1599 mußte, so schreibt ein regionales Blatt, dem Minister für Staatssicherheit weichen. Aber alles sollte man dem Herrn nun auch wieder nicht in die Schuhe schieben. Die Kirche wurde 1968 abgetragen, weil kein Geld zur Restaurierung da war, weder bei der Kirche noch bei der Gemeinde. So simpel ist das manchmal.

Die Ortschaft Wolletz findet 1313 erstmals Erwähnung im Landbuch des Kaisers Karl IV. als »Wolletzke«. Damals wurde Bertram von Greiffenberg als Besitzer ausgewiesen. Die Besitzer wechseln oft. Da der Boden kaum fruchtbar ist, ernähren sich die Bewohner hauptsächlich vom Fischfang und von der Jagd. 1746 verschenkt Friedrich II. den Ort an Generalmajor von Rohr, der 1826 ein Jagdschloß errichten ließ. 1934, als seine Nachkommen einer Pleite nicht mehr entgehen konnten, übernahm ein Amerikaner namens Martinek den Besitz. Während des Zweiten Weltkrieges diente das Jagdschloß als Produktionsstätte für Flak-Granaten-Zünder, in den letzten Kriegstagen als Marinestützpunkt. Nach 1945 enteignet und von Umsiedlern genutzt, mußte 1947 die Verstaatlichung rückgängig gemacht werden. Bis 1961 ist der Besitz treuhänderisch von der DDR ver-

Historische Aufnahme des Görlsdorfer Schlosses

waltet worden, ehe das Dorf in ein volkseigenes Gut umgewandelt wurde. Mielke residierte im Jagdschloß seit Beginn der sechziger Jahre und frönte dort seiner Jagdleidenschaft.

Die Schlagbäume sind beseitigt, was an der Abgeschiedenheit des Örtchens nichts geändert hat. Die neuen Herren im Wolletzter Jagdschloß stört das weniger. Es beherbergt seit Februar 1990 eine Kardiologische Klinik, aber der acht Hektar große Schloßpark ist für jeden Besucher zugängig. Alles ist jedoch längst nicht erlaubt. Wolletz und Umgebung gehören zum Biosphärenreservat Schorfheide-Chorin, worauf sich der Wanderer einstellen muß. Im Dorf munkelt man gar, daß die Absperrungen jetzt schlimmer seien als zu Mielkes Zeiten. Dennoch, wer in Wolletz Lust verspürt, kann am Rastplatz mit dem Grill, einem Naturbackofen und einem Aalräucherofen auf dem Dorfanger verweilen (Auskunft dazu beim Bürgermeister). Bei einer Wanderung um den Wolletzer See, an dessen Ostufer sich ein modernisierungsbedürftiger Campingplatz befindet, müssen 18 Kilometer überwunden werden.

Zurück nach Berlin führt der Weg in Richtung Joachimsthal. Der große Stein, der sich an einer der Kurven präsentiert, kennzeichnet das »Sofortprogramm 1933«. Hier wurde das Schlußstück der Chaussee Kerkow-Görlsdorf-Glambeck am 31. März 1934 eingeweiht. Ein Wunder, daß der Stein die DDR überdauert hat.

Zur heimlichen Hauptstadt der Uckermark

Schlösser, Kirchen und Klöster

VON BERLIN ÜBER DIE AUTOBAHN BERLIN–STETTIN BIS ZUM ABZWEIG PFINGSTBERG, DORT BEGINNT IN RICHTUNG SUCKOW DIE REISE (ETWA 80 KILOMETER)

Viel ist nicht geblieben vom Schloß und dem herrlichen Park außer einem Schloßgraben mit einer noch immer hübschen Brücke und vielleicht der Allee mit den alten und knorrigen Bäumen. Sie ist unschwer neben der heutigen Asphaltstraße kurz vor dem Ortseingang von Suckow auszumachen und mag dem allmorgendlichen Ausritt der Suckower Herrschaft gedient haben. Die Allee führte in den von Josepf Peter Lenné unter Ausnutzung des Sees südlich des einstigen Schlosses angelegten Park. In ihm erhebt sich der Tempel des Arnimschen Familiengrabes, davor zwei Grabplatten aus Granit: von Georg Abraham

51

Constantin von Arnim (1839–1879) und Rosalie Auguste Karoline von Arnim (1843–1907). Der verwilderte Park ist heute als solcher nur schwer auszumachen, trotz der Reste der alten Parkmauer.

Das Dorf »Sukowe« wird erstmals 1239 als Grenzbesitz des Klosters Walkenfried erwähnt. Pommernherzog Barnim schenkte dem Kloster 108 Hufen Land, welche sich bis **Suckow** erstreckten. 1269 dann ward es ein Stammlehen der Familie von Stegelitz. Heinrich von Stegelitz schenkte dem von ihm gegründeten Kloster Marienpforte in Boitzenburg eine Getreiderente von der vor Suckow liegenden Mühle. Offenbar wurde der Hof Suckow verwüstet, denn aus dem Jahre 1355 ist bekannt, daß Markgraf Ludwig der Römer einem Prenzlauer Bürger die Vollmacht gab, den Hof Suckow wieder aufzubauen. 1458 verkaufte Johann von Stegelitz den »Hoff zu Suckow« an das Kloster Seehausen, das 1498 mit Friedrich von Stegelitz im Streit wegen des Hofes, der Feldmark und den Gewässern lag, und den der Kurfürst von Brandenburg zugunsten des Klosters entschied. 1472 erhielt Janecke von Stegelitz eine Lehensbestätigung über die »wüste Feldmark by Sukowe«.

Nach der Verweltlichung fiel Suckow als Klosterbesitz an den Kurfürsten, der den Ort nebst Zubehör 1577 an Otto von Arnim abtrat. 1734 entstand das Schloß, ein schlichter, strenger und sachlich wirkender uckermärkischer Adelsbau, zweigeschossig mit Mittelrisalit und Mansardendach. Im flachen Giebeldach fand sich das Arnimsche Wappen sowie die Inschrift: »Soli deo gloria« (Allein Gott sei Ehr'). In der zweiten Hälfte des 19. Jahrhunderts wurde der Schloßhof unter Benutzung des rechtwinklig zum Hof stehenden Seitengebäudes, ursprünglich eine Brauerei, ausgebaut. 1860

– Suckow zählte 295 Einwohner – gehörten zum Majorat neben Suckow ein Gefüge von 13.139 Morgen gutsherrlichen Ackerlandes und 4.502 Morgen Forst.

Schloß und Orangerie fielen 1945 einer Brandstiftung zum Opfer und gingen bis auf einen Flügel, das ehemalige Inspektorhaus, in Flammen auf. Dabei sind nicht nur wertvolle Kunstgegenstände und Mobilar aus dem 17. und 18. Jahrhundert vernichtet worden, sondern auch das Archiv. Den Rest hat der Sozialismus geschafft. Adlige Gemäuer waren grad gut genug, um die Gerätschaften der Landwirtschaftlichen Genossenschaft zu beherbergen. Schließlich kam es nicht auf Romantik an.

Von Suckow aus geht es weiter über Kaakstedt und Pinnow nach **Potzlow**, unmittelbar am Großen **Potzlower See** gelegen, umgeben von Erlen und Weidengehölzen. 1239 als »oppidum Pozlowe« und 1287 als »civitas Pozlaw« bezeichnet, sicherten die Markgrafen Otto IV. und Konrad der Ansiedlung, wie zu lesen steht, »nach nicht mehr zu wiederholender Vermessung der Feldmark« Steuerfreiheit zu. 1305 erhielt Bertram von Beenz die Marktgerechtigkeit von den Markgrafen Otto IV. und Waldemar für eine unbezahlte Forderung. Ab 1367 gehörte der Ort teilweise dem Kloster Seehausen. Das »opidum Potzlow« mußte 1375 74 Hufen zahlen, denn Abgaben erhoben oder Besitz hatten neben den Nonnen des Klosters Seehausen auch die adligen Familien Luscow und Strele.

In der Reformationszeit fällt der Ort an das Amt Seehausen (nach dessen Auflösung 1664 an das Amt Gramzow), ehe Potzlow 1592 als »offener Flecken« bezeichnet wird, in dem der Kurfürst weitgehende Rechte (Gericht, Patronat) hatte. 1589 verlieh er Potzlow einen neuen Jahrmarkt am

Katharinentag (25. November), zwei ältere sollen zuvor schon eingegangen sein.

Mitten im Dorf, von einem Friedhof umgeben, steht die Kirche, vermutlich im 13. Jahrhundert errichtet. Drum herum ein Friedhof mit einem Backsteinportal aus dem 16. Jahrhundert. Ein Grabstein ist »Dem Andenken der flämischen Toten und anderen Opfer des Krieges gefallen 1945« gewidmet. Flämische Jugendliche, der SS zugehörig, sind noch in den letzten Tagen gegen die vorrückende Rote Armee geschickt worden; am Werderberg vor Seehausen sollen sie sich eine erbitterte und sinnlose Schlacht geliefert haben, auf dem Feld blieben viele Tote und Verletzte. Die Kirche, ein Putzbau mit dem etwas hervortretenden Westturm und einer kleinen südlichen Vorhalle, ist im Kern ein mittelalterlicher Feldsteinbau, der nach einem Brand 1760 wiederhergestellt wurde. 1880 wurden im Innern Veränderungen vorgenommen. Der große schlichte Bau erscheint viel zu groß für die 500-Seelen-Gemeinde Potzlow. Um die herrliche Akustik der Kirche nicht nur den Potzlowern zugängig zu machen, gibt es auch hier die Tradition, im Sommer Konzerte zu organisieren.

Vor der Kirche, neben den wuchtigen Kastanien und einem Denkmal vom Ersten Weltkrieg, bietet sich eine Rolands-Figur dar. Es ist eine Nachbildung des Hölzernen Rolands, der offenbar die besondere gerichtliche Stellung des Ortes zu repräsentieren schien. Der »richtige« Hölzerne Roland war eine einfach gezimmerte Figur aus Eichenholz, über zwei Meter hoch, die mehrfach wiederhergestellt wurde, zuletzt 1898, wobei sie einen Steinsockel erhielt. Er ist in der Kirche zu besichtigen, wenn auch kaum als solcher zu identifizieren, weil stark verwittert. Seine Vorgänger sollen aus dem 13. Jahrhundert stammen.

Der Name »de la Baré« mag so gar nicht zum dörflichen Ambiente von Potzlow passen. Er deutet jedoch auf die Herkunft hin, die hugenottische. Nach dem Potsdamer Edikt von 1685, mit dem Kurfürst Friedrich Wilhelm den von Ludwig XIV. wegen deren reformierten Glaubens aus Frankreich vertriebenen Familien Schutz und Sicherheit in seinem Staate anbot, kamen Hugenotten in die Mark Brandenburg und somit auch in die Uckermark, sie brachten mancherlei neues Handwerk mit. Der Kurfürst versprach sich davon eine Belebung der vom Dreißigjährigen Krieg verlassenen und ausgeplünderten Orte sowie der Wirtschaft.

Alte Wassermühle in Potzlow

Das Edikt versprach den französischen Einwanderern, ihr mitgebrachtes Eigentum frei von jeder Abgabe einführen zu können, die nötigen Baumaterialien zu erhalten und von Steuern, von Einquartierungen usw. auf sechs Jahre befreit zu sein. Zugesichert wurden ihnen zudem Bürgerrechte und der unentgeldliche Eintritt in die Zünfte, bei Neubauten sollten sie eine zehnjährige Abgabefreiheit genießen.

Man sollte nicht versäumen, die Kirche im nahe gelegenen **Strehlow** anzuschauen, auch wenn von dem einst rechteckigen Feldsteinbau aus dem 13. Jahrhundert mit einem querrechteckigen Turm nach der Zerstörung im Zweiten Weltkrieg nur die Umfassungswände mit Lanzettfenstern und Kreisblenden im Ostgiebel sowie der verbretterte Turmaufsatz von 1747 erhalten blieben. Unter der Kirche befinden sich mehrere Grüfte, in die man durch eine kleine Luke Einblick hat. Der Ort liegt gleich hinter Potzlow, man gelangt zu ihm vorbei an einer alten Wassermühle. Strehlow hat viele Besitzer gehabt, natürlich unter anderen auch die Familie von Arnim, seit 1431.

Durch die Uckerniederung führt der Weg weiter nach **Seehausen**. Vom schon erwähnten Werderberg, wo Reste einer slawischen Siedlung gefunden wurden, östlich des Potzlower Sees, hat man eine märchenhafte Aussicht auf das Uckertal. Vor der Kirche in Seehausen geht rechts ein Weg zum See. Hier, auf der flachen Halbinsel, dem Marienwerder, inmitten der Ausflußarme des Oberuckersees, kündet heute kein Stein mehr von der einstigen Macht des Zisterzienser-Nonnenklosters. Erzählt wird, daß vor knapp 100 Jahren noch Klosterruinen existierten. Heute erinnert nur noch ein Flurnamen an das Kloster, obwohl Archäologen auf ein unterirdisches Mauerwerk gestoßen sind, das zum Klostergelände gehört haben könnte. Aber eigentlich ist immer noch die Frage zu klären, wo sich denn das Kloster genau befunden hat.

Das Kloster Seehausen wird 1250 erstmals urkundlich erwähnt, ist wahrscheinlich aber kurz zuvor gegründet worden. Zwischen den Klostergründungen in Seehausen und Gramzow hat es offenbar, so wird angenommen, eine Verbindung gegeben. Anfangs sollen die Klöster als Doppelkonvente existiert haben, bis Ende des 12. Jahrhunderts die Trennung einsetzte. Vom Kloster Seehausen ist nicht überliefert, wann es die ersten Besitzzuweisungen erhielt. Aber den nach dem Aussterben der Askanier einsetzenden Kampf um die Uckermark nutzte das Kloster überaus geschickt, um sich zwischen den rivalisierenden Brandenburgern und den Pommern Vorteile zu verschaffen. So konnte es seinen Besitz systematisch ausbauen, bis ein Brand im Jahre 1445 alles vernichtete.

Ein Wiederaufbau gelang, aber nach der Reformation wurden das Kloster und seine Besitzungen mit denen des Gramzower Klosters zusammengelegt, 1664 jedoch wieder getrennt und zum Schulamt des Joachimsthaler Gymnasiums gemacht. Den Beamten war freigestellt, nach ihrem Gefallen die Seehausener Klostergemäuer abbrechen zu lassen, um sie für den Aufbau ihrer Vorwerke zu nutzen. Die letzten Reste der Klosterruine wurden 1850 zu einem Schafstall verarbeitet. Im Prenzlauer Museum sind Gegenstände zu besichtigen, die dem Kloster Seehausen entstammen.

Im Dorf sind noch Fachwerkhäuser zu finden, in denen einst Fischer wohnten. Die Dorfkirche ist ein einfacher, kleiner Fachwerkbau aus dem 18. Jahrhundert mit einem verbretterten quadratischen Turmaufbau. Der Altaraufbau ist ein Werk der Frührenaissance (1560–1580). Das Besondere an der Seehausener Kirche ist die Lichtfülle, die den Raum durch die sechs großen Fenster an den Längsseiten sonderbar ausleuchtet. Es gibt noch eine zweite Besonderheit: In Seehausen kann man sowohl den evangelischen wie auch den katholischen Gottesdienst in einer Kirche erleben.

Von Seehausen geht die Straße über Blankenburg, Bertikow mit einer weithin sichtbaren Feldsteinkirche und deren Turm aus dem 13. Jahrhundert, sowie Bietikow links auf der B 198 weiter nach **Prenzlau** (etwa 19 Kilometer). Gemeint ist Prenzlau/Uckermark, nicht etwa Prenzlau/Queensland (Australien), der Ort, den eine Familie Ruhl aus Seehausen gegründet hat, nachdem sie 1877 nach Australien ausgewandert war. Die Stadt an der Nordspitze des Unteruckersees war mit zehn Kirchen und drei Klöstern einst kirchlicher Mittelpunkt und Verwaltungszentrum für die gesamte Uckermark und natürlich als solche deren Hauptstadt, höchst amtlich sogar, weil 1465 urkundlich erwähnt.

Als »civita libera« (freie Stadt) 1234 von Pommernherzog Barnim I. gegründet, durfte sie ein Wappen führen und unterstand nicht dem Vogt. Der Name der Stadt ist dem urkundlich bezeugten »Princlav« nach einer mittelalterlichen Schreibweise entlehnt. Verwüstungen in mehreren Kriegen konnte die idyllisch gelegene Stadt nicht standhalten, im Zweiten Weltkrieg fiel der komplette historische Stadtkern mit gotischen, barocken und klassizistischen Bürgerbauten den Flammen zum Opfer. Damit gingen 85 Prozent der städtischen Bausubstanz im Flammenmeer des 27. und 28. April 1945 unter. Dabei war noch nicht einmal Prenzlau Ziel anglo-amerikanischer Bomberverbände. Sie waren ausgesandt, um das an der unteren Oder errichtete

Hydrierwerk Pölitz (Police) bei Stettin zu zerstören, um die damals modernen Produktionsanlagen und damit Teile der Treibstoffversorgung der deutschen Wehrmacht lahmzulegen. Die Luftlinie Pölitz–Prenzlau beträgt nur 45 Kilometer. Es folgten Luftschlachten, ehe am 19. April 1945 erste sowjetische Bomben auf Prenzlau fielen, drei Tage nach dem Beginn der Schlacht um Berlin.

Laut Geschichtsschreibung legten die Pommern 1107 zur Sicherung des unterworfenen Uckerlandes am strategisch wichtigen Uckerübergang auf südöstlicher Höhe wahrscheinlich eine hölzerne Burg an, etwa in der Gegend, wo heute die Nikolaikirche zu finden ist. Unteruckersee und eine Sumpfniederung des Uckerbruchs begünstigten die Anlage, aus der sich die Stadt entwickelte. Prenzlau wurde 1187 erstmals schriftlich erwähnt, aber zu jener Zeit soll schon eine Münzprägestätte existent gewesen sein. Pommernherzog Barnim I., der ihr das Stadtrecht zuerkannte, hatte acht Männer aus der Altmarkt beauftragt, die Stadt zu erschaffen. Der Grundriß des Ortes zeigte ein Fünfeck mit schachbrettartig angelegten Straßen, so daß in der Stadtmitte ein annähernd rechteckiger Marktplatz entstand. Barnim belehnte den Ort mit reichem Landbesitz von 300 Hufen, die ungefähr 18.000 preußischen Morgen Land entsprachen.

Ab 1250 lebte Prenzlau unter brandenburgischer Hoheit und erhielt im Jahre 1287 das Recht, sich mit einer steinernen Mauer zu umgeben. Aber mit dem Aussterben der Askanier im Jahre 1320 wechselten die Eigentümer. Brandenburg konnte seine Besitzansprüche erst 1426 wieder erfolgreich durchsetzen. Das aber hieß für Prenzlau eine Eindämmung der einstigen Bedeutung, die im Dreißigjährigen

Krieg einherging mit Zerstörungen und Verwüstungen. Hinzu kamen die Kontributionen, die die Dänen forderten, die sich 1627 Prenzlau bis auf eine Meile genähert hatten.

Erst die Hugenotten sorgten für einen neuen wirtschaftlichen Aufschwung. Sieben Braueigner mit Braurecht, Tuch- und Leineweber, Tischler und Kunsttischler, Gelbgießer und Kupferschmiede hatten sich in Prenzlau angesiedelt, 1867 wurde die Uckermärkische Brauerei gegründet und 1872 eine Zuckerfabrik, später kamen zwei kleinere Eisengießereien, eine Zigarrenfabrik, eine Molkerei und eine Margarinefabrik sowie fünf Mühlen hinzu. Übrigens erschien ab 1796 erstmals regelmäßig eine Zeitung, die »Uckermärkischen Gemeinnützigen Blätter«. 1816 wurde Prenzlau Kreisstadt mit Sitz eines Landrates. Prenzlau war zu jener Zeit das, was man eine typische preußische Ackerbürger-, Beamten- und Garnisonsstadt nennen kann. Garnisonsstadt ist sie geblieben, wie man an der Präsenz der Bundeswehr ersehen kann.

Auf der B 198 in Prenzlau angekommen, biegt rechts kurz vor der Bahnüberführung ein nicht mit dem Auto befahrbarer Weg ab, der zum jüdischen Friedhof führt. »Süßer Grund« wurde diese Gegend genannt, um 1900 hat es hier ein Tanzlokal gegeben. Der jüdische Friedhof befand sich einst im Stadtpark, umgeben von einer Feldsteinmauer. Doch konnte dieser nicht erweitert werden, weshalb am Süßen Grund ein neuer entstand. Der jüngste Grabstein dort trägt die Jahreszahl 1990, der älteste 1900. Seit dem Mittelalter gab es in Prenzlau eine große jüdische Gemeinde, die zu Beginn des 14. Jahrhunderts nach dem Erlaß der Herzöge zu Stettin dem Magistrat unterstand und eine besondere Körperschaft bildete. Jüdische Familien stellten

Blick auf die Sabinenkirche in Prenzlau

Stadträte und hatten sich großes Ansehen in der Stadt erworben.

Der Bischof von Cammin beklagte 1360 die Juden-freundlichkeit der Prenzlauer und forderte sie auf, die Juden aus der Stadt zu vertreiben. Der Magistrat aber lehnte ab und mußte den vom Bischof auferlegten Kirchenbann in Kauf nehmen. Alle Kirchen blieben geschlossen, es läuteten keine Glocken, und Gottesdienste waren untersagt. Nach einer Beschwerde des Magistrats mußte der Bann nach kurzer Zeit wieder aufgehoben werden. Eine judenfreundliche Politik, ja, aber nur aufgrund handfester ökonomischer Interessen der Prenzlauer. Ludwig der Römer nämlich hatte der Stadt die einheimischen Juden so lange verpfändet, bis diese durch 100 Mark brandenburgisches Silber wieder ausgelöst waren. Prenzlau konnte und wollte natürlich nicht auf diese Summe verzichten.

1750 erging an die dortige jüdische Gemeinde die Erlaubnis zum Bau einer Synagoge vor der Wasserpforte, 1832 entstand nach Abtragen der alten eine neue. 1890 lebten in Prenzlau 423 jüdische Bürger. Die Machtergreifung der Nationalsozialisten im Jahre 1933 setzte der Existenz jüdischer Gemeinden in der Uckermark ein Ende. In der Nacht vom 9. zum 10. November 1938 gingen Synagogen und jüdische Geschäfte in Angermünde und Prenzlau in Flammen auf, der jüdische Friedhof am Stadtpark wurde dem Erdboden gleichgemacht und die Grabsteine des neuen geschändet. 1940 ist dieser dem Militärfiskus, der an den Friedhof grenzenden Luftwaffengarnison, übereignet worden; die Trauerhalle war nun ein Pferdestall. Lebten 1933 noch 111 jüdische Bürger in Prenzlau, waren es 1940 nur noch 21. Zwei Jahre später begannen Deportationen in faschistische Vernichtungslager aus der Stadt.

Geschichte ist nicht gerecht, und selbst die antifaschistische DDR mißachtete jüdischen Besitz, so übernahm die DDR-Armee das Gelände des jüdischen Friedhofes von der Wehrmacht, danach kam die Bundeswehr. Das Gelände des jüdischen Friedhofs ist nur gepachtet, aber offensichtlich ist an dem Areal und deren Erhaltung keine jüdische Gemeinde interessiert, weder die in Berlin noch die in Magdeburg, oder in Dresden, denn keiner fühlt sich für ihn und seine Erhaltung verantwortlich. Aus den fünfziger Jahren stammt der mehr als schlicht wirkende Gedenkstein an der rechten Ecke des Friedhofes zum Gedenken an die jüdischen Opfer des Faschismus. War sich der jüdische Friedhof zu DDR-Zeiten selbst überlassen, hat die Wende daran kaum etwas geändert. Die Kapelle steht leer und verfällt, die ehemalige Gärtnerwohnung links dient seit 1958 als Wohnraum für jene Familie, die seitdem den Friedhof pflegt. Zu betreten ist es nur durch den Garten bei der Wohnung.

Die Puschkinstraße führt links zum Steintorturm, auch Schwedter Torturm (seit 1962 Sternwarte) genannt. Er wurde bereits im 13. Jahrhundert erbaut und als erster der vier Stadttortürme im 14. Jahrhundert erhöht. Der Torturm gehört zur mittelalterlichen Wehranlage, denn als Kreuzungspunkt alter Heerstraßen und Handelswege hatten die Prenzlauer ihren Ort zur Wehrstadt ausgebaut. Schließlich war die Stadt Vorposten der Mark gegen die Pommern. Einziger Ausgang zum See war die Wasserpforte, zur Stadtseite hin durch Mauerstützen verstärkt. Sie ging in die Stadtgeschichte ein, als Markgraf Johann von Brandenburg nach einer nächtlichen Fahrt über den See durch die Pforte am 24. Juni 1425 in die Stadt eindrang. Er wollte den Kämpfenden zu Hilfe eilen, denn die Prenzlauer Bürgermeister Nikolaus Beltz und Zabel Grieben hatten die Stadt an die Pommern verraten.

Es wird berichtet, daß der Markgraf im Sumpf einen Schwächeanfall erlitten habe, so daß der oberste Stadtknecht Thomas Rodinger, der von den Prenzlauern ausgesandt worden war, um den Grafen zu begrüßen und ihn durch den Sumpf und die Wasserpforte in die Stadt zu führen, diesen ohne große Worte auf dem Rücken durch den Morast am östlichen Seeufer schleppte. Der besorgte Johann rief dem Rodinger – ob der Last, die dieser zu tragen hatte – ermunternd zu: »Halte aus, Du treuer Diener, Du trägst die Mark auf Deinem Rücken.« Der Markgraf siegte für Brandenburg, den Bürgermeistern aber wurde kurzer Prozeß gemacht. Vor dem Kopf schlug ihnen der Scharfrichter die Hände ab. Diese sind, in einem Kasten aufbewahrt, noch im Prenzlauer Museum zu beschauen.

Auf dem Weg zur Wasserpforte entlang der Stadtmauer am Uckerwieck Nr. 813 erhebt sich das 1275 durch Markgraf Johann I. gegründete Dominikanerkloster, auch Schwarzes Kloster genannt. Die Klosterkirche ist ein frühgotischer Backsteinbau, der 1343 geweiht wurde. Die turmlose, kreuzgewölbte, dreischiffige Hallenkirche dient seit 1577 als Pfarrkirche, nachdem die älteste Pfarrkirche, die Nikolaikirche, 1648 teilweise eingestürzt und 1769 abgetragen worden war. Von der im 13. Jahrhundert errichteten dreischiffigen Basilika aus Granitquadern ist schräg hinter der Klosteranlage nur vom ehemals zweitürmigen Werk der Stumpf eines Backsteinturmes erhalten geblieben. Südlich an die ehemalige Klosterkirche schließt sich das zweigeschossige dreiflügelige Klostergebäude mit Kreuzgang an. Der Bau aus der ersten Hälfte des 14. Jahrhundert ist bis auf den Nordflügel des Kreuzganges gut erhalten. Seit der Reformation wurde das Kloster als Hospital genutzt und beherbergt heute das 1899 gegründete Museum.

Unter anderem begegnet dem Reisenden hier Max Lindow (1875 bis 1950), der wohl bedeutendste Mundartdichter der Uckermark, im übrigen Vater der heutigen Museumsleiterin.

Von Max Lindow, dem Mitbegründer des Plattdeutschen Vereins »Unner'n Widenbom«, stammt auch das weltbekannte Uckermarkerlied (hier nur ein Auszug):

Wat is 't för 'n Land!   *Plattdütsche Woort!*
Böm an de Kant,   *Olldütsche Ort!*
Eeken in d' Heid,   *Ehrlich un trü –*
Veh up de Weid!   *So bliewen wi,*
Schön is un stolt un stark   *Bet wi in unsen Sark*
Uns' leew oll Uckermark!   *Schloven in d' Uckermark!*

Die Stadtmauer vor dem ehemaligen Kloster dient manchen Häusern als Rück-, manchen auch als Stützwand. 1270 schon war die Rede von einer Stadtbefestigung, für deren Bau Johann I. seine landesherrliche Erlaubnis gegeben hatte. 1287 verstärkt, war sie einst neun Meter hoch, besaß vier Stadttore, die alle 1780 entfernt worden sind, 60 zumeist zweigeschossige Wiekhäuser, Wehrtürme und Vorwerke. Durch die Feuerwaffen verlor die Stadtmauer als Wehranlage an Bedeutung, und so hatten die Bewohner die Wiekhäuser zu Wohnungen umgebaut. Der 30 Meter hohe Mitteltorturm, an der Ausfahrtstraße nach Berlin, in der zweiten Hälfte des 15. Jahrhunderts erbaut, präsentiert sich dem Betrachter in einem recht ungewöhnlichen Aufbau: Der quadratische Unterbau aus Feldsteinen geht über in einen Backsteinbau, wandelt sich dann durch Abschrägung der Ecken in ein unregelmäßiges Achteck mit einer überdachten Galerie (einst als gedeckter Wehrgang genutzt), um dann zylindrisch fortgesetzt und durch einen Zinnenkranz und steilem Kegelhelm abgeschlossen zu werden.

Der Blindower Torturm in Richtung Pasewalk, im 13. Jahrhundert entstanden, war ursprünglich ein annähernd quadratischer Torturm. Er wurde im 15. Jahrhundert umgebaut und durch einen mehrgeschossigen zylindrischen Backsteinturm stark erhöht. Das vierte Tor ist 1876 wegen der Behinderung des Verkehrs abgebrochen worden. An den Resten der Stadtmauer beim Stadtpark, dem ehemaligen Friedhof, sind nur noch der Pulverturm, so genannt, weil bis 1829 dort die Garnision und Kaufmannsschaft Vorräte an Schießpulver aufbewahrten, der Seilerturm, der, aus einem Wiekhaus entstanden, einem Seiler als Werkstatt diente, und der Hexenturm, der als Gefangenenturm im 15. Jahrhundert errichtet wurde und deshalb so heißt, weil in ihm eine als Hexe eingesperrte Gefangene vergessen und elend verhungert war, zu sehen.

Zwischen Seiler- und Hexenturm steht das 1877 eingeweihte Kriegerdenkmal für die 1870/71 Gefallenen des Kreises Prenzlau, das ursprünglich den Marktplatz zierte, ein Stückchen weiter ein Ehrenmal für die im Zweiten Weltkrieg gefallenen sowjetischen Soldaten. Auf dem Markt standen einst auch ein Reiterstandbild von Kaiser Wilhelm I. sowie die Statuen Bismarcks und Moltkes, 1898 geschaffen. Sie sind verschwunden, ebenso wie der 1495/96 errichtete Steinerne Roland, dessen Reste allerdings im Unterschied zu den anderen noch im Prenzlauer Museum zu besichtigen sind.

Das wohl imposanteste Bauwerk in Prenzlau ist die Marienkirche, die in der Zeit von 1325 bis immerhin 1339 erbaut wurde. Die dreischiffige Hallenanlage, mit dem mächtigen, reich durch Stab- und Maßwerk gegliederten Ostgiebel und zwei Westtürmen, zählt zu den schönsten Backsteinbauten Norddeutschlands. Das bronzene Taufbecken stammt aus dem 15. Jahrhundert, und Anfang des 16. Jahrhunderts wurde der Hochaltar angeschafft, mit dessen Herstellung die Kunstwerkstätten in Lübeck beauftragt worden waren. Fachleute schätzen den Altar als beispielhaft für die Darstellung gotischer Holzschnittkunst. Glücklicherweise haben Altar und Taufbecken alle Feuer überstanden.

Als Hauptkirche, früher von einem Friedhof umgeben, hatten die Erbauer der Stadt die Marienkirche im Grundriß durch die zentrale Lage westlich des Marktes hervorgehoben. Das Bauwerk entstand in mehreren Bauperioden: Von der ersten ab 1235 sind nur noch spärliche Reste überliefert, die zweite Bauperiode seit der zweiten Hälfte des 13. bis 14. Jahrhunderts soll nur von einem unregelmäßigen Baufort-

Prenzlau: die geschichtsträchtige Wasserpforte

schritt geprägt gewesen sein, die dritte Periode lag um 1335 und die vierte zu Beginn des 15. Jahrhunderts. Die fünfte Bauperiode läßt sich nicht genau bestimmen, gewiß ist nur, daß nach der Reformation im Innenraum der Eindruck des in vielen Generationen Gewachsenen vernichtet wurde, der sich im Äußeren noch deutlich widerspiegelt. Von 1877 bis 1884 wurde die Marienkirche restauriert, die dann 1945 bis auf die Umfassungsmauern ausbrannte.

Seit nunmehr 1970 sind eifrige Handwerker bemüht, sie wieder aufzubauen. Die Außenarbeiten konnten derweil abgeschlossen werden. Die noch erhaltenen Teile der Innenausstattung befinden sich noch im Museum und der Sabinenkirche. Allseits berühmt gemacht hat die Marienkirche die Leiche des bei Lützen gefallenen und zwei Tage im Dezember 1632 in der Kirche aufgebahrten Schwedenkönigs Gustav Adolf. An der Südwestecke der Kirche befindet sich ein Standbild Martin Luthers. Die Bronzestatue wurde 1903 nach dem Wormser Original angefertigt. Die Ruine vor der Marienkirche gehört der Heiliggeistkapelle des 1321 erstmals erwähnten Hospitals in der Nähe des Mitteltores. Der rechteckige Feldsteinbau mit Giebeln, straßenseitigen Gewändeportalen und Leibungen der Fenster aus Backstein war in der ersten Hälfte des 14. Jahrhunderts errichtet worden und 1945 bis auf die Grundmauern abgebrannt.

Damit sind den Flammen auch unschätzbare Museumswerte zum Opfer gefallen, denn nachdem die Hospitalskirche 1899 zu einem Museum für uckermärkische Altertümer umgebaut worden war, beherbergte sie bis 1945 das Hauptgebäude des Museums.

Vor den Toren der Altstadt am Nordende des Unteruckersees lag das einstige Augustinerinnen-(Maria-Magdalena-) Kloster, das das Patronat über alle drei Pfarrkirchen der Stadt Prenzlau besaß. Von ihm blieb lediglich die Sabinenkirche erhalten, die 1250 erstmals erwähnt wurde. Der frühgotische, einschiffige kleine Feldsteinbau ist in seiner jetzigen Ausführung 1816/17 nach umfangreichen Instandsetzungsarbeiten entstanden. Nur der Ostgiebel ist offenbar der einstigen mittelalterlichen Klosterkirche zuzuordnen. Die Klosteranlage wurde vermutlich nach der Reformation abgetragen. Gleiches Schicksal erlitten auch die Gemäuer des Franziskanerklosters, das bereits Mitte des 13. Jahrhunderts errichtet worden war. Vom Franziskaner- oder Grauen Kloster am Nordwestrand der Altstadt ist ebenfalls nur das später als reformierte Kirche (Nähe Marienkirche an der Straße der Jugend) benutzte Gotteshaus erhalten geblieben. Die 1253 vollendete Kirche St. Johannes Baptista, seit 1865 Dreifaltigkeitskirche, ist ein frühgotischer Granitquaderbau. Die einschiffige, kreuzgewölbte Anlage mit aufgesattelten Glockentürmchen am Ostgiebel zählt zu den ältesten Franziskanerklöstern im deutschsprachigen Raum. Nachdem die Klostergebäude bereits 1735 abgetragen wurden, ist die Kirche 1846 bis 1865 restauriert worden.

Um die Kirchenaufzählung zu vervollständigen, sei noch die Jakobikirche in der Nähe des Blindower Torturmes genannt, die 1945 bis auf die Umfassungsmauern niedergebrannt war und deren Wiederaufbau bis 1960 andauerte. Entstanden war die Jakobikirche als einschiffiger gotischer Granitquaderbau mit einem zum Schiff geöffneten Westturm in der zweiten Hälfte des 13. Jahrhunderts. Im 15. Jahrhundert folgten Backsteinanbauten, ein dreiseitig eingerückter Turmaufsatz aus verputztem Backstein ist 1757 aufgesetzt worden. Der Sage nach soll anstelle der Kirche ein heidnischer Tempel gestanden haben. Östlich des Marktes gab es eine weitere Kirche aus dem Jahre 1311, die St. Johannis geweiht war. Nach der Reformation vernachlässigt, soll sie eingestürzt und infolge dessen 1749 gänzlich abgetragen worden sein. Über weitere Kirchen ist nichts mehr bekannt.

Wer mag, kann den 1130 Hektar großen, 7,6 Kilometer langen und 2,4 Kilometer breiten **Unteruckersee** umwandern oder per Fahrrad umrunden. Oder einen Ausflug zum Quast, einem beliebten Ausflugsziel am **Oberuckersee**, machen. Gemeint ist die Einbuchtung des nordöstlichen Zipfels des Sees mit dem angrenzenden Wald nahe Seehausen und Warnitz. Der Oberuckersee soll durch eiszeitliche Schmelzmassen entstanden sein und über einen reichen Fischbestand verfügen. Der See ist mit 8 Kilometern fast gleichlang wie der Unteruckersee, aber nur 1,7 Kilometer breit. Bereits in den zwanziger Jahren hatte sich der Ort zu einem beliebten Ausflugsziel entwickelt.

Der Ortsname von **Warnitz** tauchte erstmals 1332 als »Warlitze« auf und wurde in Besitz des Klosters Seehausen genannt. Das Landbuch von Kaiser Karl IV. aus dem Jahre 1375 spricht von einer Burg, die einst auf dem Höhenrücken am Steilhang des Oberuckersees, der sich 200 Meter nordwestlich der Kirche nach Norden zieht, gelegen haben soll. Heute ist das Gebiet nahezu eine Fundgrube von frühdeutschen und slawischen Keramikscherben. Auf der dem Ort vorgelagerten Burgwallinsel befand sich vermutlich im Mittelalter eine slawische Burganlage. Untersuchungen aus den sechziger Jahren ergaben, daß die Insel einst durch zwei

Brücken mit dem Festland verbunden gewesen ist: die eine in Richtung Fergitz (schräg gegenüber Warnitz auf der anderen Seeseite) und die andere nach Seehausen zur Klosterhalbinsel.

Von Prenzlau aus kann man aber auch eine andere Route einschlagen, nämlich in Richtung Boitzenburg. In **Gollmitz** ist noch ein Laubenhaus zu sehen. Sie sind selten geworden in der Gegend und auch das Gollmitzer bedarf einer dringenden Verjüngung. Das einstige Wohnhaus ist mit seiner Traufseite als Laube mit Holzstützen ausgebildet. Schräg gegenüber gab es ein zweites, das jedoch durch Umbau als solches nicht mehr zu erkennen ist. Jetzt beherbergt das Haus die Gemeindeverwaltung, war dazumal eine Gaststätte. Die Gollmitzer Laubenhäuser entstanden nach der Art alter Häuser im Norden Rußlands. Das Dach war weit vorgezogen von Stämmen gestützt, und in dem so gegen Regen geschützten Bereich führte der Bauer Werk- und Holzarbeiten mit größeren Geräten durch, zum Beispiel an der Werkkbank, für die im Haus der Platz fehlte.

Von Gollmitz aus sollte man einen Abstecher nach **Kröchlendorf** wagen. Seit 1308 findet man den Ort unter der Bezeichnung »Crechendorp« in verschiedenen Urkunden, 1430 erscheinen die vom Kerkow als Besitzer, ehe Kröchlendorf 1442 an die von Arnims pfandweise veräußert wird. Ab 1653 befindet sich das Anwesen in alleinigem Besitz derer von Arnims und wurde zu einem Stammsitz eines Zweiges der Familie. 1845 ließ dann Oscar von Arnim ein Schloß erbauen. Es präsentiert sich als zweigeschossiger Putzbau von dreizehn Achsen mit hübschen runden Ecktürmen und einem dreiachsigen Mittelrisalit an der Hoffront. Links davor steht die Kirche, ein Bau, der sicher mal hübsch anzusehen war. Das Schloß diente nach 1945 als Lungenheilstätte und Kinderheim, soll nun zur Erlebnisschule avancieren, so geplant jedenfalls von Outward Bound, der Deutschen Gesellschaft für Europäische Erziehung.

Auf der anderen Seite von Gollmitz liegt die 150-Seelen-Gemeinde **Naugarten**, eingebettet zwischen Hügelketten am Rande der Zervelliner Heide, die zum Naturpark Feldberg-Lychener-Seenlandschaft gehört. Im Ort, als dessen Entstehungsjahr 1239 angenommen wird, hat sich eine bäuerliche Bebauungsstruktur erhalten, die nicht etwa durch gesichtslose Plattenneubauten unterbrochen wird. 1321 als Besitz derer von Kerkow erwähnt, soll Barko von Kerkow den Hof Naugarten mit 12 Hufen Heinrich von Bentz als Kriegsentschädigung der Pommernherzöge für ihre Vasallen gegeben haben, er war seit der Reformation in Besitz derer von Arnims. 1861 sind im Ort viele Gewerke ansässig gewesen: zwei Krämer, ein Gastwirt, ein Fischermeister, ein Lehrer, ein Zimmermann, ein Schmiedemeister, zwei Schuhmacher, zwei Tischlermeister und ein Sensenstreichmacher, von denen bis auf einen Tischler keine Nachfahren mehr existent sind.

Inmitten des Angerdorfes befindet sich die mittelalterliche Kirche, ein rechteckiger Putzbau mit einem verbretterten Dachturm, der vermutlich 1713 entstand. Der Naugartener See lädt zum Baden ein, und wenn die Treuhand endlich entschieden hat, was aus den bisherigen Ferienhäusern wird, sollen hier ein Zeltplatz entstehen sowie Wanderwege um den See ausgeschildert werden. Vielleicht verschwinden dann auch die Panzerattrappen des einstigen Übungsgeländes vor Naugarten.

Wer auf jeden Umweg verzichten will, gelangt von Goll-mitz aus direkt nach **Boitzenburg.** Der Name ist slawischen Ursprungs und läßt sich mit »Kampfplatz« übersetzen. Wer allerdings dort heftige Auseinandersetzungen vermutet, wird enttäuscht. Obwohl die Besitzer häufig wechselten, ist kaum von verheerenden Kämpfen die Sprache. Vor 1250 war Boitzenburg pommersch, dann brandenburgisch, um 1392 mit Zehdenick und Strasburg als Kriegskosten an die Pommern verpfändet zu werden. 1398 wird Boitzenburg mecklenburgisch, kommt aber bis 1415 wieder an Pom-mern. Für 2000 Rheinische Gulden kauft Friedrich I. von Hohenzollern Boitzenburg und Zehdenick zurück, die Fami-lie von Arnim wird Lehnsträger bis 1439. 1454 verkauft Kur-fürst Friedrich II. Boitzenburg mit Wiederkaufsrecht an seine Räte Hans von Bredow und Lüdecke von Arnim, beide wer-den zu Hauptleuten im Uckerland und zu Lychen bestellt.

Das Laubenhaus in Gollmitz

1486 erhält Henning von Arnim das Lehen und ist gleichzeitig Vogt der Uckermark, bis Kurfürst Joachim I. sein von Beamten verwaltetes Schloß Boitzenburg gegen Zehdenick tauscht, das seit 1506 dem kurfürstlichen Rat Hans von Arnim gehörte.

1528 wird Boitzenburg dann erbliches Manneslehen für Hans von Arnim, »mit allen und jeglichen Gnaden, Rechten, Freiheiten und Gerechtigkeiten, Vorwerken, Schäfereien, Äckern, Weiden, Dörfern, obersten und niedersten Gerichten, Holzungen, Büschen, Grenzen, Seen und Mühlen«, ehe er ab 1537 auf Lebzeit zum Landvogt der Uckermark aufsteigt. Seinen Besitz kann er durch die Reformation mehren, indem er 1538 für 3500 Gulden vom Kurfürsten die Klostergüter in Boitzenburg und Himmelpfort erwirbt. Nach 1571 wird der Besitz unter seinen beiden Söhnen aufgeteilt, den der Staatsminister Georg Dietloff von Arnim 1732 wieder vereint. 1938 kommt es zur Auflösung des unteilbaren und unverkäuflichen Familieneigentum derer von Arnims.

Auf einer Insel im See Tytzen, so ist überliefert, befand sich einst als Zufluchtstätte der uckrischen Bewohner eine Wasserfliehburg. Bald danach, im Jahre 1252, sei eine Burg angelegt worden. Die Geschichte des Ortes Boitzenburg bleibt verwischt. Schloß und Kloster spielten eine Rolle in Überlieferungen, kaum aber die Dorfsiedlung. Fest steht, daß es ursprünglich zwei Ansiedlungen gab, die beide seit 1403 zum Kloster Marienpforte gehörten: Ein Städtchen, das am Marienberg lag, auf dessen Höhe sich die Marienkirche erhebt, und ein Dorf, das im Carolinschen Landbuch von 1375 genannt wird und sich vermutlich auf der anderen Seite der Kirche befand, sie soll die ältere Siedlung sein. Eine Vereinigung von Dorf und Stadt fand wahrscheinlich erst 1750 statt. Das Städtchen zeichnete sich vor allem durch Handwerker, Fischer und Kaufleute aus; 1375 gab es neun Verkaufsstellen, als deren Pacht neun Pfund Bienenwachs und neun Pfund Pfeffer entrichtet werden mußten.

Das Schloß, das man überhaupt nicht übersehen kann, könnte aus der urkundlich 1276 erwähnten Burganlage im See Tytzen enstanden sein, geschaffen vielleicht zum Schutz der deutschen Siedlung Lychen oder als Sicherung gegen die slawische Burg Prenzlau. Ende des 16. Jahrhunderts jedenfalls wurde es zu einem ausgedehnten Renaissanceschloß umgebaut, das sich märchenhaft in den Boitzenburger Waldungen erhebt. An den mehrgeschossigen rechteckigen Putzbau schließen sich zwei Schloßflügel an, 1838 bis 1842 durch Friedrich August Stüler im neugotischen Stil errichtet und 1881 bis 1884 in Neorenaissanceformen umgestaltet. Im Innern zählt das Jagdzimmer zu den schönsten Zeugen der Vergangenheit, das mit reichem Stuckdekor mit Jagdszenen ausgestattet ist. Vieles vom Schloß ist 1945/46 verlorengegangen, denn Schloßgegenstände waren schon in Lattenkisten verpackt und standen im Schloßhof, um abtransportiert zu werden, ehe ein Brand einen Großteil davon vernichtete. Daß das Schloß nach 1945 nicht zerfiel, war wohl dem neuen Schloßherrn zu danken. Die DDR-Armee hatte es als Erholungsheim für sich erkoren, und was selbst der Graf von Arnim bis zur Auflösung seines Besitzes gnädigst gewährte, nämlich den Schloßpark zu betreten, ward von der »Volksarmee« verwehrt. Die Bundeswehr hatte das Schloß von der DDR-Armee übernommen, nun liegt es in den treuen Händen der Treuhand. Noch ist nicht abzusehen, was aus dem Schloß wird.

Der 1762 von Jampert im englischen Gartenstil gezeichnete Park wurde zunächst 1838 von Joseph Peter Lenné zum Landschaftspark umgestaltet, später als Barockanlage unter Einbeziehung des malerischen Sees erweitert. Fünf Brücken in unterschiedlicher Ausführung verbinden die Schloßinsel mit der Umgebung. Einen besonderen Reiz hat der Carolinenhain, der »Rest« eines ehemals vom Schloß bis zum Schumellensee reichenden Gehölzes mit über 200jährigen Buchen und wertvollen ausländischen Holzarten wie Platanen und Zuckerahorn, durch die leider stark verfallenen, aus der Grafenzeit stammenden Bauten wie dem Schlangentempel, heute eine Ruine des 1804 von Carl Gotthard Langhans entworfenen Gedächtnistempels für Friedrich Wilhelm von Arnim, der 1886 als regierender Minister des Forst-Departementes in den Grafenstand erhoben worden war. Eine hierfür 1802 von Gottfried Schadow geschaffene Marmorfigur einer sitzenden trauernden Frau befindet sich heute in der Friedrichswerderschen Kirche in Ost-Berlin. Oder dem Apollotempel vom Ende des 19. Jahrhunderts, ein achtseitiger Putzbau mit Kuppeldach. Das Erbbegräbnis derer von Arnims stammt ebenfalls vom Ende des 19. Jahrhunderts, eine aufwendige Anlage, dessen breite Freitreppe von zwei Sandsteinlöwen bewacht wird.

Vor dem Schloßzugang wendet der einstige Marstall seine langgestreckte Front der Straße zu. Ein Umbau im Jahre 1965 hat ihn, wie Historiker meinen, als Denkmal entwertet. Die Beamtenhäuser auf der anderen Straßenseite sind im Stil des 17. Jahrhunderts als eingeschossige Fachwerktraufenhäuser mit Krüppelwalmdach erbaut worden und hübsch anzusehen. Hoch über Dorf und Schloß erhebt sich die Kirche. Der rechteckige Feldsteinbau aus der zweiten Hälfte des 13. Jahrhunderts wurde mehrfach erweitert und präsentiert sich dem Betrachter mit einem barocken Westturm. Das älteste Bild in der Kirche stammt aus dem 17. Jahrhundert. Im Innern finden sich noch zahlreiche Grabdenkmäler der Familie von Arnim aus dem 17. und 18. Jahrhundert, deren Vertreter nicht nur in der Uckermark Ansehen genossen.

Im langgestreckten Dorf sind weitere Fachwerktraufenhäuser zu bewundern, ehe man zu den versteckt liegenden Klosterruinen vordringt. Das Zisterzienserinnenkloster Marienpforte in Boyceneburch wird 1271 erstmals erwähnt, als Gründung des Ritters Heinrich von Stegelitz im Jahre 1269. Aber es gibt Zweifel daran, eher hält man als Stifter die Markgrafen Johann II., Otto IV. und Conrad für wahrschein-

Die Kirche in Seehausen

lich. Als Hans von Arnim das Kloster nach der Verweltlichung kaufte, übernahm er zugleich die Verpflichtung, für die übriggebliebenen Klosterfrauen auf Lebzeiten zu sorgen, das hieß, ihnen nicht nur Wohnraum zu gewähren, sondern auch ausreichend für deren Lebensunterhalt zu sorgen. Das Klostergebäude wurde zum Wirtschaftshof, der im Dreißigjährigen Krieg von den Dänen zerstört wurde und dann seit dem 18. Jahrhundert allmählich verfiel. Erhalten sind heute noch einige Reste des Konventhauses und von der wohl 1289 errichteten Klosterkirche, einem ursprünglich einschiffigen Backsteinbau, die Nordwand mit einem Teil des Chores. An der Nordwand lassen sich sogar noch Zierfriese erkennen, und wer einigermaßen Vorstellungskraft besitzt, wird Ähnlichkeiten mit dem Kloster Chorin feststellen.

Davor erstreckt sich ein eingeschossiges Fachwerktraufenhaus mit Feldsteinsockel. Die linke Seite war dem Wohnen vorbehalten, in der rechten zeigt sich dem Betrachter ein noch produktionsfähiges Mahlwerk.

Hier befindet sich das Mühlenmuseum, das 1978 eröffnet wurde. Erstmals soll die Mühle 1269 in der Gründungsurkunde des Klosters Marienpforte erwähnt worden sein. Sie diente dem Kloster als Produktionsstätte, wurde im Dreißigjährigen Krieg ebenfalls zerstört und erst ab 1699 wieder betrieben. Seit der Säkularisierung ist sie mit 50 Hektar ein Pachtbetrieb.

Das Mühlengebäude in seiner jetzigen Form steht seit 1640, bauliche und technische Veränderungen eingeschlossen. Um konkurrenzfähig zu bleiben, denn nachdem die Dampfmaschine erfunden ward, wurde gleich nach dem Ersten Weltkrieg das Wasserrad entfernt, das nur mit einer Leistung von 12 PS aufwarten konnte. Eine Turbine mit 40 PS wurde installiert, und schon 1922 ein Dynamo, der 110 Volt erzeugte und bis 1974 in Betrieb war. Von 1945 bis 1978 diente die Mühle der LPG (LPG – Landwirtschaftliche Produktions-Genossenschaft) im Dorf als »volkseigene Produktionsstätte«.

Boitzenburg hat noch mehr zu bieten, einen Tiergarten nämlich, der schon in der Renaissance östlich von Boitzenburg, hinter Klostermühle und Klosterruine, als Wildgatter angelegt wurde. Auf dem 150 Hektar großen Areal ist ein Baumbestand zum Teil 350 bis 500 Jahre alter Eichen zu finden. Seit 1984 stehen sie unter Naturschutz. Nach dem Ende des Ersten Weltkrieges begann man mit einer Wisentzucht, die bei Kriegsende 1945 leider Opfer von Wilderern wurde. Diese sind heute noch anzutreffen, als Fischwilderer in den Gewässern der Umgebung.

Zugegeben, als Angel-Enthusiast kann die Seenlandschaft schon reizen, aber dafür gibt es schließlich Angelkarten – oder die Forellenzuchtanlage in Boitzenburg. Denn dort kann jeder sein Angler-Glück gleich ausprobieren:

Im großen Teich werden bei einem Einsatz von 10 DM drei Forellen ausgesetzt. Bei den Boitzenburger Fischern wird der Teich »Jackpot« genannt, denn angenommen, zehn Angler sind gekommen und für jeden wurden drei Forellen in den Teich gesetzt, hat also theoretisch einer die Chance, 30 Forellen zu angeln. Die anderen müßten dann wohl leer ausgehen, wäre da nicht der zweite Teich. Kinder und Eilige können für 8,50 DM/kg aus einem Gewühl von Fischen in schon zwei Minuten das Mittagessen fangen. Ja, und der dritte Teich schmeichelt dem Angler, weil darin Fische ab einem Kilogramm schwimmen, die für 10 DM/kg dann zu haben sind. Wer keine Forellen mag, sollte den vierten Teich mit Karpfen und Schleien wählen. Der Preis richtet sich nach dem Gewicht, 8 DM/kg. Tja, und wen das Pech verfolgt, der kann von der Gelegenheit Gebrauch machen, Frischfisch oder geräucherten käuflich zu erwerben.

Von Boitzenburg geht die Fahrt weiter über **Kuhz**, ein Dorf, das 1323 dem Nonnenkloster Boitzenburg geschenkt wurde und dessen Feldsteinkirche aus dem 13. Jahrhundert eine bautechnische Eigentümlichkeit aufweist. Die Portallaibung wurde nämlich nachträglich als fertiges Stück in die Türöffnung eingesetzt. Der Weg zur Autobahn Berlin–Stettin kreuzt Gerswalde, wo 1239 eine deutsche Wasserburg erbaut wurde. Von drei Seiten war diese durch Wasser und Sumpf umgeben. Im Schutze der Burg siedelten sich Bauern an und schufen durch umfangreiche Waldrodungen Ackerland. Ortsnamen wie Gerswalde, Fredenwalde, Mittenwalde und Ringenwalde erinnern noch heute daran.

Erstmals wird »Gyrswalde« in einer Urkunde des Papstes Alexander im Jahre 1256 erwähnt, bestehend aus 6 Hufen und 10 Höfen. Im Landbuch von Kaiser Karl IV. ist 1373 die Rede von einer Burg und einem Städtchen; offensichtlich war **Gerswalde** als Stadt – vergleichbar mit Potzlow – geplant, woraus jedoch nie etwas wurde. Seit 1463 ist das Dorf erblicher Besitz derer von Arnims. 1626 berührt der Dreißigjährige Krieg Gerswalde, Soldaten durchziehen den Ort, Einquartierungen folgen, die Kontributionsforderungen wurden immer höher. Wallenstein und die Schweden kamen durch Gerswalde, aus dem Jahre 1637 ist über den Einfall fremder Truppen folgendes überliefert: »Man hat dem ganzen Ort die letzte Ölung gegeben, alles verderbet, beraubet und entlich verbrennet, also das wenig übrig geblieben ist«. Ganze zwei Einwohner hat Gerswalde noch um 1640.

Die Burg war vor Zerstörung nicht zu schützen, Reste davon sind noch am abschüssigen nordöstlichen Ufer des Haussees zu finden. Ehedem war sie eine vierflügelige Anlage, von deren dreigeschossigen Ostflügel noch beträchtliche Teile des Feldsteinmauerwerkes mit Schießscharten sowie Unterbauten eines hofseitig anschließenden runden Bergfrits und eines halbrunden Wehrturmes erhalten sind. Das nahe Schloß wurde erst im 19. Jahrhundert errichtet, anstelle der ehemaligen Vorburg. Von der zweigeschossigen Dreiflügelanlage ist 1965 der Dachstuhl abgebrannt, der nicht mehr erneuert wurde. Schon vor 1945 diente das Schloß als Kinderheim, wurde dann ein Heim für schwer erziehbare Kinder und ist seit 1990 Jugendheim.

Die Gerswalder Kirche liegt auf dem höchsten Punkt des Ortes. Der Feldsteinbau, umgeben von einem Friedhof, stammt aus dem 13. Jahrhundert. 1706 wurde der Kirchturm erbaut. Als 1743 der Blitz im Kirchturm einschlug, brannte dieser nieder, die Glocken und die Turmuhr schmolzen. Die Kosten für die Wiederherstellung der Uhr betrugen damals 40 Taler, für die drei Glocken, die 1744 in Templin gegossen wurden, 344 Taler und 3 Pfennig. Die neuen Glocken wogen 33 Zentner 23 Pfund, ein Gewicht, dem der hölzerne Glockenturm nicht standhielt und 1746 einstürzte. Ab 1754 schallen die Glocken in einem steinernen Turm. Neue Brände folgten, ehe die Kirche 1814 bis 1820 in ihrer jetzigen Form wiederhergestellt wurde.

Am Marktplatz stand bis Ende der sechziger Jahre das einzige erhaltene Laubenhaus im Kreis Templin. Es wurde als Gasthaus genutzt, war massiv im 17. oder 18. Jahrhundert erbaut worden, nur der Vorbau bestand aus Fachwerk. In Gerswalde hat sich ein Uckermärkischer Heimatverein e.V. gegründet, der in der Rosengasse eine Heimatstube eröffnen will. Wer mag, wird dort vieles mehr zur Heimatgeschichte erfahren können.

Zwischen Himmel und Hölle

Eine Grenzwanderung zwischen Brandenburg und Mecklenburg-Vorpommern in die einst nördlichste Stadt der Uckermark

ANREISE VON BERLIN ÜBER DIE B 96 NACH FÜRSTENBERG, WEITER RICHTUNG LYCHEN NACH HIMMELPFORT (ETWA 80 KILOMETER)

Auf halber Strecke zwischen Fürstenberg und Lychen biegt die Straße recht ab – nach »coeli porta«, auf schlicht deutsch: **Himmelpfort**. Diesen überirdischen Namen gab dem Ort, der erst nach dem Dreißigjährigen Krieg gegründet worden sein soll, das gleichnamige Zisterzienser-Mönchskloster. Der askanische Markgraf Albrecht III. hatte es 1299, ein Jahr vor seinem Tode, gestiftet. Denn er gedachte damit, ebenso wie seine Vetter in Lehnin (1180) und Chorin (1258), ein eigenes

Begräbniskloster zu besitzen. Den Standort dafür hatten die Zisterzienser wohl gewählt: eine Landzunge zwischen der Mündung der Woblitz und dem Stolpsee. 1307 wurde das Kloster bezogen und reich mit Besitztümern ausgestattet. Doch als Zankapfel zwischen Mecklenburg und Brandenburg gelegen, blieben weitere Schenkungen aus.

Nach der Verweltlichung im Jahre 1541 beschlagnahmte Kurfürst Joachim II. das Kloster sowie seine Güter und verpfändete es 1542 auf 10 Jahre an den Landvogt der Uckermark, Hans von Arnim, allerdings mit der Verpflichtung, für die verbliebenen Mönche zu sorgen. Der letzte Abt soll als Pfarrer ins nahe Bredereiche gegangen sein. 1552 erhielt die Klosterherrschaft zunächst pfandweise der kurfürstliche Rat und Feldmarschall Adam von Trott, 1557 wurde sie ihm erblich verliehen. Nach dem Aussterben der Familie von Trott im Jahre 1727 ward aus dem Kloster ein Gutshof, der mit sämtlichen Ortschaften, die dem Kloster einst gehörten, zum Amt Badingen kamen. 1764 erbverpachtet, wurde das Kloster 1835 als Vorwerk Castaveb aufgelöst. Der letzte Erbpachtbesitzer verkaufte es samt Besitz an den Staat.

Dieser wiederum an Havelschiffer, die 1891 eine Schifferinnung gründeten, immerhin mit 42 Schiffseignern und Steuerleuten. Schiffahrt und Fischerei sind die hauptsächlichen Erwerbszweige des Ortes, auch Forstarbeit ist dazuzurechnen, denn für eine landwirtschaftliche Nutzung ist der Himmelpforter Boden zu karg. Selbst für die weithin propagierte demokratische Bodenreform in der sowjetischen Besatzungszone im Jahr 1946 war kein brauchbares Land zu vergeben.

Die Lage des Ortes zwischen **Stolp-, Moderfitz-** und **Haussee** lockte seit der Jahrhundertwende Urlauber an.

(Der Moderfitzsee soll einer Urkunde aus dem Jahre 1331 zufolge ursprünglich »Wusterwiz« geheißen haben, ein DDR-Buch meint, der Name komme von dem Wort »Modder«, umgangssprachlich für Schlamm.) Auch zu DDR-Zeiten kamen über 4.000 Urlauber pro Jahr ins mit nur etwa 600 Einwohnern besiedelte Himmelpfort, genannt »Erholungsort«, obwohl sich das im Ortsbild selbst nicht niederschlug. Doch Urlaub in DDR-Zeiten artete mitunter in Streß aus. Da es nicht genügend »Verpflegungsmöglichkeiten« für die Urlauber gab, wurde in »Durchgängen« gegessen: Die ersten Feriengäste mußten bereits 6.45 Uhr zum Frühstück erscheinen, und wenn die letzten dieses gerade beendet hatten, kamen schon die ersten wieder zum Mittagessen.

Wer in den Ort hineinkommt, passiert die Strohbrücke, deren Name so entstand: Der fromme Bruder Franz ward vom Kloster in die Umgebung geschickt worden, um die Bauern an rückständige Abgaben zu erinnern. Seine Schritte lenkten ihn nach Lychen, wo er ein gar liebliches Mädchen kannte. Da sich beide nicht mehr trennen wollten, nahm er es mit, doch niemand durfte es sehen. So versteckte Bruder Franz das Mädchen in einem Bündel Stroh und nahm es auf die Schulter. Am Graben, der den Moderfitzsee mit dem Sidowsee verbindet, begegnete er dem Abt. Bruder Franz stand der Schweiß auf der Stirn ob der schweren Last, doch der Abt wunderte sich, wie man an einem Bündel Stroh so schwer tragen könne. Als er sich nochmals umsah, entdeckte er, daß aus dem Bündel Stroh zwei Beine hervorlugten. Er rief Bruder Franz zurück und fand das Mädchen, das nun allein wieder nach Lychen zurückkehren, während Bruder Franz schwer büßen mußte. Die Brücke aber wird seither Strohbrücke genannt.

Bruder Franz wurde vielleicht nach Fegefeuer am Küstrinbach (in der Nähe Lychens) verbannt. Denn diesen abgelegenen Flecken schufen die Klosteroberen für jene Mönche, die im Kloster Himmelpfort über die Stränge schlugen, sozusagen, als das weltliche Treiben der Mönche überhand nahm. Die Affäre an der Strohbrücke war eine Sache, aber die Mönche genossen auch des öfteren den Besuch von Zehdenicker Nonnen. Strafen durch Gebetsübungen schienen nicht mehr abzuschrecken. Harte Rodearbeiten, weitab von menschlichen Siedlungen, und die Urbarmachung der Sumpfniederung um das Gehöft Fegefeuer sollten die sündigen, widerhaarigen Brüder zähmen.

Ehe man in die Himmelpforter Klosterstraße einbiegt, tauchen Mauerreste auf. Sie entstammen nicht etwa einer ehemaligen Stadtbefestigung, sondern sind die Reste der Umfassungsmauer des Klosters. Erhalten sind sonst nur noch Teile der Klosterkirche, deren Chor heute als Pfarrkirche dient. Die efeubewachsenen Mauern der Klosterkirche, die im ersten Viertel des 14. Jahrhunderts als dreischiffige Anlage aus unverputztem Backstein auf einem Feldsteinfundament errichtet worden war, bieten sich heute als malerische Kulisse dar. Die Kirche besitzt eine geschnitzte Wappentafel der Familie von Trott, auch einige Grabsteine dieser Familie aus dem 17. und 18. Jahrhundert sind zu besichtigen. Der vor der Kirche stehende Glockenstuhl ist erst 1966 erbaut worden, nach Vorlagen eines wesentlich älteren Glockenstuhls. Die Bronzeglocken wurden Opfer des Ersten Weltkrieges, doch schon seit 1917 sind zwei neue Stahlglocken da. Das Brauhaus, ein Backsteinbau aus dem 14. Jahrhundert, dient weitgehend unverändert der Sparkasse als Domizil.

Vorbei am Brauhaus, passiert man die zwischen 1906 und 1907 gebaute Schleuse, die den Haussee und den Stolpsee miteinander verbindet. Der Haussee ist durch die Woblitz, die zwischen 1879 und 1882 ausgebaut wurde, schiffbar bis nach Lychen. Vom Stolpsee aus führt die Wasserstraße nach Fürstenberg, dann weiter nach Berlin. Himmelpfort ist also gut auch auf dem Wasserwege zu erreichen. Rechts steht die einstige Wassermühle mit einem alten Mühlrad, mit dem in den zwanziger Jahren noch Strom erzeugt wurde. Das Haus diente später mal als Hotel, Kinderheim, als Lazarett und Flüchtlingsheim. Schräg gegenüber war das einstige Wohnhaus des Müllers, bis 1912, es ist heute ein Ferienhaus der Inneren Mission.

Die zum Wandern einladende Himmelpforter Heide gehörte ehedem zum Kloster, ehe 1817 aus diesen Flächen der Forst Himmelpfort wurde. 1969 war das Gebiet letztmalig in einer DDR-Landkarte vermerkt worden, denn nach Einzug der sowjetischen Armee in den fünfziger Jahren wurde der Forst zum Panzerübungsgelände. Zwar ist die in Fürstenberg beherbergte Garnison inzwischen abgezogen, doch die Benutzung der durch den Himmelpforter Forst führenden Wege empfielt sich nicht. Die sich wohl verstreut befindenden Minen sowjetischer Herkunft könnten für einen tödlichen Ausgang der Wanderung sorgen. Dafür existiert noch die alte Landstraße nach Lychen, von der auch der Weg zum drei Kilometer entfernten Bahnhof Himmelpfort führt. Biegt man links ab, erreicht man den Piansee mit dem gleichnamigen Ort. Ab 1819 entstand dort eine Glashütte mit einer Glasmachersiedlung, deren größte Blüte zwischen 1855 und 1876 lag. Hergestellt wurde Flaschen-, Bier-, Wein-, Likör- sowie Tafelglas. Die Glashütte kam nach dem Tode ihres Begründers 1833 in Besitz des Grafen von Arnim zu Boitzenburg, der sie bereits vier Jahre später an die Brüder Carl und Julius Litzmann verkaufte. Als 1885 die Produktion eingestellt wurde, fielen die Glashütte sowie die Arbeiterhäuser dem Abriß anheim.

Von Himmelpfort sind es nur acht Kilometer nach **Lychen**. Die Stadt ist – wie der Volksmund sagt – ein schöner Ort, denn er liegt zwischen Fegefeuer und Himmelpfort. Landschaftlich ist Lychen eigentlich mit allen Reizen der märkischen Natur reich gesegnet. Als 1899 dann eine Eisenbahnverbindung zwischen Fürstenberg und Templin über Lychen eingerichtet wurde, blühte der Fremdenverkehr auf. Bachhuber, damaliger Lychner Bürgermeister von 1902 bis 1933, hat schnell die Möglichkeiten einer wirtschaftlichen Entwicklung durch den Fremdenverkehr erkannt. Dank der klimatischen Lage zwischen vielen Seen und ausgestreckten Waldgebieten wurde Lychen Anfang des 20. Jahrhunderts der Titel Kurort zuerkannt, ab 1908 erstand der Ortsteil Hohenlychen mit Einrichtungen für Kurgäste.

Die Zahl der Feriengäste nahm immerfort zu. 1910, so ist überliefert, wurden auf den Bahnhöfen Lychen und Hohenlychen 48.748 Personen abgefertigt. Zahlen, von denen die Tourismusbranche in Lychen heutzutage nur träumen kann. Fünf Züge fuhren damals täglich nach Fürstenberg, mit viermaligem Anschluß nach Berlin, sonntags gab es eine direkte Verbindung zwischen Hohenlychen und dem Stettiner Bahnhof in Berlin. Zu Ostern soll es vorgekommen sein, daß das Lychner Verkehrsbüro den Stettiner Bahnhof anrief, man möge keine Fahrkarten nach Lychen mehr verkaufen, da es keine freien Unterbringungsmöglichkeiten mehr gebe.

Der Lychner Geheimrat Prof. Gotthold Pannwitz gründete ab 1903 in Hohenlychen eine Lungenheilstätte des Volksheilstättenverbandes des Roten Kreuzes (sie war erst 1914 abgeschlossen) und erwarb bis 1933 internationalen Ruf bei der chirurgischen Tuberkolosebehandlung (Knochentuberkolose). Mißbraucht wurde diese Einrichtung in der Zeit des Hitler-Faschismus, denn dort fanden medizinische Versuche an Häftlingsfrauen aus dem KZ Ravensbrück (bei Fürstenberg) statt.

Erste Spuren menschlichen Lebens in Lychen stammen schon aus der mittleren Steinzeit, ehe weite Teile von Slawen besiedelt wurden. Diese zogen sich bei Gefahr auf Fluchtburgen zurück, die sich an schwer zugängigen Stellen befanden. Ein solcher Fluchtort war die Halbinsel im Wurlsee, der Burgwall soll seit dem 6. Jahrhundert bestehen. (Zu erreichen in Richtung Retzow, auf der Halbinsel liegt heute die Pension Lindenhof.)

Stadtansicht von Lychen

1248 ließ Markgraf Johann I. die Stadt Lychen durch Lokatoren gründen, namentlich durch die Gebrüder Parvenitz, deren Herkunft nicht bekannt ist. Sie siedelten deutsche Kolonisten aus der Altmark und dem Havelland an. Die Gründungsurkunde vom 23. Januar 1248 ist noch erhalten. Lychen sollte Templin nach Mecklenburg und Pommern hin absichern, und so gab es wohl einst anstelle des heutigen Marktplatzes eine Burg, die mehrfach sogar urkundlich bezeugt ist, bis sie bei einem Brand 1633 vernichtet wurde. Als Immediatstadt besaß Lychen Gerichtsbarkeit, eine eigene Münzgerechtigkeit und Rechte für das Fischereigewerbe, was jedoch zu endlosen Streitigkeiten mit dem Kloster Himmelpfort führte. Das Kloster beeinträchtigte das Aufblühen der Stadt gewaltig, besaß es doch eine Reihe von Dörfern, sowie Gewässer und Mühlen im Lande Lychen, wodurch natürlich die wirtschaftliche Entwicklung der Stadt gehemmt wurde. 1302 fiel Lychen an Mecklenburg, ehe es 1448 wieder brandenburgisch wurde.

Der Dreißigjährige Krieg machte Lychen fast menschenleer, von 226 Bürgern im Jahre 1643 blieben noch 29 übrig, nur noch 17 Häuser waren bewohnt, die anderen fielen ein, die Äcker veröderten. 1647, als die Schweden in die Stadt einrückten, war nicht mehr viel für sie zu holen. Der Große Kurfürst half beim Wiederaufbau, indem er seinen Untertanen die Steuern für Jahre erließ und Reformierte aus Mecklenburg und Pommern nach Lychen dirigierte. Erst 1730 konnte man wieder auf die Einwohnerzahl verweisen, die Lychen vor dem Krieg hatte. Aber die Flammen vernichteten häufig wieder das, was mühsam entstanden war.

Die Bewohner der Stadt ernährten sich vorwiegend von der Fischerei, dem Handwerk und der Landwirtschaft, denn die Verkehrslage war viel zu ungüstig, um größere Industriebetriebe anzusiedeln. 1891 wurde die Chaussee nach Templin gebaut, 1904 die Post eröffnet, seit 1907 existiert eine zentrale Wasserversorgung, 1911 bekam Lychen eine elektrische Straßenbeleuchtung.

Von Himmelpfort kommend, kann man vielleicht erahnen, daß die Stadt von Seen so umgeben scheint, als wäre sie eine Insel. Dadurch wurde sie vermutlich nur an den schmalen, zwischen den Seen gelegenen Zufahrtswegen an den ursprünglich drei existierenden Stadttoren durch eine Feldsteinmauer befestigt. Die Stadtmauer war erst 1464 endgültig fertiggestellt. Von der mittelalterlichen Wehranlage mit Ansätzen von rechteckigen Wiekhäusern sind nur noch Reste erhalten. Beim Fürstenberger Tor blieb der untere Teil stehen, vom Templiner Tor, das im Unterschied zu den anderen aus Ziegelsteinen errichtet worden war, weil es erst mit der Errichtung des Weges nach Templin gebaut wurde, ist nichts mehr erhalten. Und vom 1976 eingestürzten Stargarder Tor existieren lediglich Teile der Außenmauer.

Der Straße weiter folgend erscheint rechterhand der Marktplatz. Von Lindenbäumen umgeben, erhebt sich hier auf dem höchstem und zentralen Platz der Lychner Altstadt das Rathaus. Es entstand 1637 auf den alten Fundamenten der einstigen Burg, brannte 1732 ab, ehe es 1748 im barocken Stil wiedererrichtet wurde – an der Schauseite durch einen einachsigen Mittelrisalit betont. Das Rathaus ist 1945 zerstört und erst 1956/57 wieder, bis auf den Turm, in seiner alten Gestalt aufgebaut worden.

Nur wenige Schritte vom Rathaus entfernt, erhebt sich die Kirche. Die ursprüngliche Marienkirche soll vor der Stadtgründung bestanden haben. Seit 1302, als Fürst Heinrich von Mecklenburg das Patronat dem Johanniterorden zuwandte, trägt sie den Namen Johanniskirche, nach dem Ordenspatron, dem Heiligen Johannes. Der stattliche einschiffige Feldsteinbau mit Backsteinanteilen und einem wuchtigen Westturm aus der zweiten Hälfte des 13. Jahrhunderts ist in seiner ursprünglichen Form erhalten geblieben. Bis 1763 wurde der Platz um die Kirche herum als Friedhof genutzt, in der Krypta unter dem Altarraum wurden bis 1800 die Pfarrer beigesetzt. Bei dem Brand 1684 ist auch die Kirche beschädigt worden, 1698 erhielt sie einen neuen Altar, eine neue Kanzel und neue Emporen.

Verschiedene Gewerke aus der Stadt stifteten der Kirche Kronleuchter aus Messing. Heute sind davon noch die der Schlosser- und Schneiderinnung aus dem Jahre 1629 erhalten.

Die Kirchenorgel stammt von 1902 und wurde 1988 restauriert. Meister Grüneberg aus Stettin ließ sie als pneumatisches Werk mit 1564 klingenden Pfeiffen errichten.

Die Lychner Altstadt liegt zwischen drei Seen: dem Oberpfuhl, dem Stadtsee und dem Nesselpfuhl. In Lychen werden obere und untere Seen unterschieden, der Höhenunterschied zwischen beiden beträgt etwa 1,70 Meter, in Abhängigkeit vom Wasserstand. Vor dem einstigen Templiner Tor befindet sich auch heute noch ein Wehr, durch welches die im Lychner Stadtforst geschlagenen Rohholzstämme zu den drei Sägemühlen im Stadtsee geflößt wurden. Flößer waren einst eine starke Innung in Lychen. Das Fachwerkhaus, heute Gaststätte »Alte Mühle« unmittelbar vor dem Wehr, gehörte zu einer der Sägemühlen. Der Große Lychensee mit der Fischerinsel ist Sammelbecken für die Lychner Seen und hat durch die Woblitz einen Abfluß zum **Haussee** in Himmelpfort.

Die Reise führt weiter nach **Feldberg**, schon zu Mecklenburg-Vorpommern gehörend. In seinem Werk hatte der Dichter und Schriftsteller Fritz Reuter den Sitz des Paradieses und den Anfang der Schöpfungsgeschichte kurzerhand nach Mecklenburg verlegt. Und schon die Fahrt von Lychen nach Feldberg kommt einem paradiesisch vor. Hohe Buchen säumen kilometerweit die Straße, bei Feldberg befindet sich der wohl prominenteste Buchenstandort weit und breit. »Heilige Hallen« wird er genannt, weil der Buchenwald dort wie ein Dom erscheint. Die Buchen sind über 300 Jahre alt und bis 45 Meter hoch. Daselbst erscheint die Gegend dem Stadtmenschen sensationell, erstaunt muß dieser feststellen, wie groß und unendlich die Welt doch sein kann! Zu den Heiligen Hallen führen zwei Wege mit historisch begründeten, heute leicht mißverständlichen Namen: zum einen der Neue Damm, der hinter Lüttenhagen von der Chaussee aus Lychen abgeht und gewiß auch einmal neu war. Heute ist er nicht zu befahren, aber zu bewandern, und zum anderen der Herrenweg, der von Neuhof (bei Feldberg) aus ursprünglich nur hoch zu Roß passierbar gewesen ist.

Auch Feldberg bietet sich ebenso wie Lychen dem Reisenden als Stadt der Seen dar. Sie machen zusammen ungefähr ein Fünftel des Feldberger Gebietes aus. Am **Breiten Luzin**, so haben Archäologen bei Ausgrabungen festgestellt, soll es eine altslawische Burg gegeben haben, die aber 1068 zerstört wurde. 1256 dann ließ der brandenburgische Markgraf deutsche Familien aus Brandenburg, der Altmark und dem Harz ansiedeln. Eine erste urkundliche Erwähnung findet Feldberg 1256. Bei der Verleihung des Stadtrechts im Jahre 1919 war sie die kleinste Stadt Mecklenburgs. Zu

Mecklenburg war Feldberg schon 1291 gekommen, als Mitgift der brandenburgischen Prinzessin Beatrix, einer markgräflichen Tochter, die den Fürsten Heinrich II. zu Mecklenburg geehelicht hatte.

Auch auf einer Insel im Haussee, heißt es, habe eine Burg gestanden, jedenfall gab es 1236 am Südufer des Amtswerder einen Burgturmstumpf. Zu dem weit in den Haussee hineinragenden Amtswerder führt ein Damm, der ahnen läßt, daß es sich um eine künstliche Verbindung zum Festland handelt. Amtswerder war tatsächlich eine Insel und über 400 Jahre lang Verwaltungssitz des Amtes Feldberg. Die Häuser herum bildeten ursprünglich den Ort. Mitten auf dem Anger stand eine Kirche, die jedoch 1870 abbrannte. 1519 war das Amt in der alten Burg eingerichtet worden, bis 1919 blieb es dort, ehe der Chef des Amtes seinen Sitz verlegte. Der Amtschef trug den Namen Drost, und das 1781/82 erbaute Drostenhaus fiel erstaunlich grandios für mecklenburgische Verhältnisse aus; es ist durch das Tor in der Feldsteinmauer an der rechten Seite des Amtsplatzes zu erreichen. Der südöstliche Flügel soll auf den massiven Kellerräumen des 1770 abgebrochenen Schlosses errichtet worden sein, an der östlichen Schmalseite befindet sich der wohl noch mittelalterliche Feldsteinunterbau eines Rundturmes. 1826 wurde das Drostenhaus mit einer Freitreppe ergänzt, nach 1919 wurde es als Schule genutzt.

Die schwerste Katastrophe für Feldberg war wie vielerorten der Dreißigjährige Krieg, von 400 Einwohnern haben ihn nur 23 überlebt. Davon kündet auch die Heimatstube Feldbergs, die im eher bescheiden wirkenden ehemaligen Spritzenhaus von 1827 untergebracht ist, einem quadratischer Putzbau, der ebenfalls auf dem Amtswerder steht.

Die Stadtkirche, ein kreuzförmiger Backsteinbau mit einem 53 Meter hohen Turm, entstand von 1873 bis 1875. Die letzte in Mecklenburg verkehrende Postkutsche (bis 1910) war die nach Feldberg, doch die Eisenbahn brachte keinen grundlegenden Wandel für die wirtschaftliche Entwicklung der Stadt, wenngleich sie die Anreise für die Som-

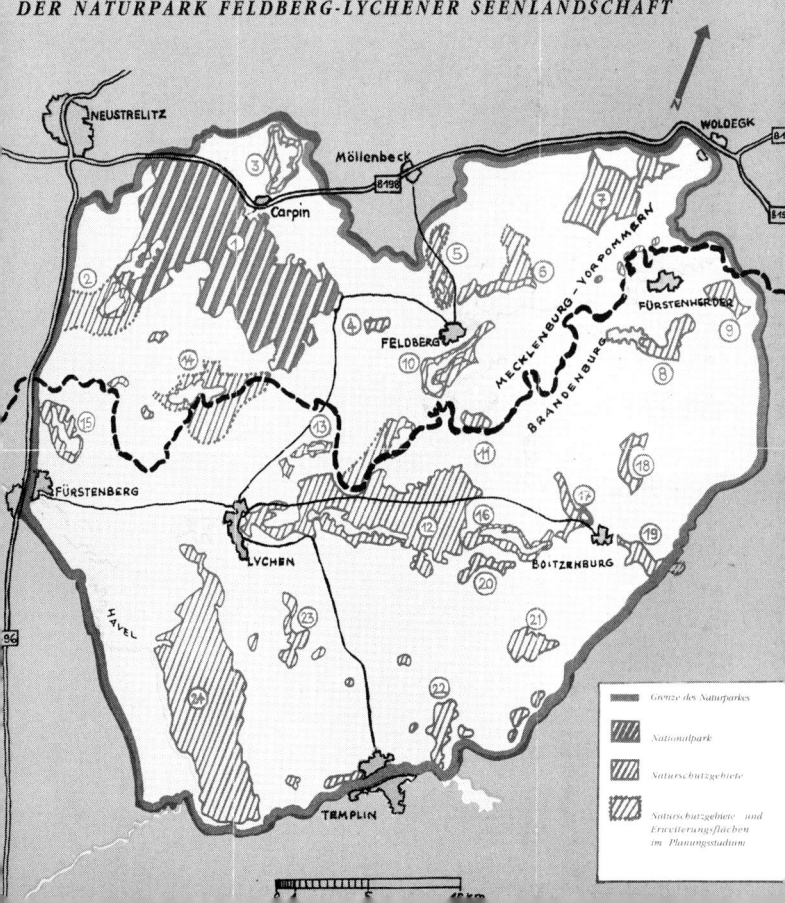

DER NATURPARK FELDBERG-LYCHENER SEENLANDSCHAFT

merfrischler erleichterte. Als Konsequenz dieser Tatsache entstand in Feldberg eine höchst uneinheitliche Bebauung, die sich – wie der Feldberger Heimatforscher Reinhard Barby (er lebte von 1888 bis 1974) meinte –, aus dem früheren Nebenerwerb der meisten Feldberger, der Aufnahme von Sommergästen, erklärt. Nicht wenige alte Gebäude wurden für diesen Zweck durch Um- und Anbauten verändert. Heute befindet sich das Hans-Fallada-Archiv im ehemaligen Wohnhaus von Barby. Denn der Schriftsteller Fallada, mit bürgerlichem Namen Rudolph Ditzen genannt, war daeinst Bürgermeister von Feldberg.

Tom Crepon beschrieb in seiner Fallada-Biographie, wie Fallada im April 1945 ins Stadtamt zum Stadtkommandanten bestellt wird. »Er begrüßt Ditzen, zeigt auf den Stuhl hinter dem schweren Eichenschreibtisch und sagt: ›Jetzt du Bjurgermeister von Feldberg!‹ 30 Landgemeinden unterstanden dem Schriftsteller, doch die meisten von ihnen hat er nie in seinem Leben gesehen. Gelebt hat Fallada bei Feldberg, in Carwitz. Man glaubt, am Ende der Welt angekommen zu sein, auch wenn zunehmend Motorengeräusche die himmlische Ruhe stören. Das ehemalige Arbeitszimmer im Falladaschen Haus ist als Gedenkstätte hergerichtet und wird sicher auch mal wieder zu besichtigen sein.

Die natürliche Plattform über dem Haken des Schmalen Luzinsees hatten die alten Carwitzer ihrem Friedhof vorbehalten. So wurde dieser parkartig angelegte Ort 1982 die letzte Ruhestätte des 1947 verstorbenen und in Berlin auf dem Schönholzer Friedhof beigesetzten Hans Fallada. Seine 1988 verstorbene Frau, Anna Ditzen, ließ den Gedenkstein für den im Leben so umhergetriebenen Fallada aus einem Findling anfertigen, den sie bei einem ihrer Spaziergänge auf dem sandigen Weg nach Hullerbusch aufgespürt hatte. Der Stein wurde nur grob behauen, denn er sollte der Natur ähnlich bleiben.

Zwischen Templin und Neustrelitz ist ein Naturpark geplant, Feldberg-Lychener Seenlandschaft geheißen. Das 1.100 Quadratkilometer große Areal ist durch die letzte Eiszeit geprägt, im Norden begrenzt durch einen Endmoränenwall des Pommerschen Stadiums der Weichsel-Eiszeit. Tiefe klare Seen (Breiter Luzin 58 Meter tief), beachtliche Erhebungen (Rosenberge bei Feldberg 146 Meter über NN), Laubwälder und nach Süden hin ausgedehnte Sandergebiete mit weiträumigen Kiefernforsten prägen das Bild der Landschaft.

Mitten in der uckermärkischen Endmoränenlandschaft liegt das Städtchen **Fürstenwerder.** Im frühen 13. Jahrhundert wohl als Grenzstadt zu Mecklenburg gegründet, ist der Ort auf einem annähernd kreisförmigen Grundriß angelegt und schon zur Gründungszeit mit einer Feldsteinmauer und drei Stadttoren befestigt worden. Die Stadtmauer aus dem 13. Jahrhundert besteht aus einem sorgfältig geschichtetem, in gleichen Abständen horizontal ausgeglichenen Feldsteinmauerwerk, das heute nur teilweise in annähernd ursprünglicher Höhe erhalten ist. Einst war die Stadtbefestigung mit 35 rechteckigen Wiekhäusern besetzt und von den drei Toren sind nur noch zwei erhalten: das Woldegker Tor, eine sehr einfache Ausbildung wurde beidseitig von Weichhäusern flankiert, und das Berliner Tor, mit einer spitzbogigen Durchfahrt, das wohl in nach-mittelalterlicher Zeit in Backstein ergänzt wurde.

Die Kirche ist ein rechteckiger Feldsteinbau mit einem querrechteckigen Westturm in Schiffsbreite, erbaut in der

Mitte des 13. Jahrhundert. Durch eine Dreifenstergruppe wurde der Chor hervorgehoben, um 1785 die Öffnung zwischen Turm und Schiff geschlossen, später sind die Außenwände verputzt worden.

Der norddeutsche Schriftsteller Fritz Meyer-Scharffenberg fand den »weltabgeschiedenen Flecken mit winkligen, krummen, oft auch steilen Gassen ... so wunderschön, daß Maler und Fotographen keine besseren Motive und Urlauber selten größere Ruhe finden können«. Die Ruhe ist geblieben, in dem 1.000-Seelen-Städtchen. Doch malerisch bietet sich kaum eine Gasse dar. Wenngleich, auch in Fürstenwerder ist das Bemühen zu spüren, die einstige Beschaulichkeit wiederzugewinnen. Ein bißchen Geschichte bietet denn auch die 1967 gegründete Heimatstube. Etwa 130 Kleinchroniken können Geschichten von jedem alten Haus im Ort erzählen, die ältesten Stücke sind fast 400 Jahre alt.

Das knapp zehn Kilometer entfernte **Woldegk** ist schon Mecklenburg-Vorpommern und eigentlich nicht zur Uckermark gehörend. Doch man passiert den Ort, der seine Entstehung ostdeutschen Kolonisatoren verdankt, auf dem Weg in die nördlichste Stadt der Uckermark. Eine Gründungsurkunde gibt es nicht mehr, aber angenommen wird die Entstehung Woldegks zwischen 1236 und 1250, und da soll sie vom brandenburgischen Markgrafen priviligiert behandelt worden sein. Erwähnung findet Woldegk erstmals in einer Urkunde des Markgrafen Albrecht vom 12. Juni 1298, ein Stadtschulze wurde bereits 1293 genannt und ein Pfarrer gar schon 1271.

Um 1300 fiel Woldegk in mecklenburgischen Besitz. Die vielen Angriffe und andauernden Fehden zwischen Mecklenburg, Pommern und Brandenburg mögen einst wohl Grund gewesen sein, um die Stadt als Festung anzulegen und außerordentlich starke Befestigungen durch Wälle, Mauern und Torburgen zu schaffen. Geholfen hatte es zumindest, als 1315 der brandenburgische Markgraf Waldemar versucht hatte, die Stadt einzunehmen. Durch Waffengewalt konnte er sie nicht erobern, weshalb es Waldemar mit einer List versuchte und heimlich die Stadtmauer untergrub. Doch die Woldegker waren dahinter gekommen und wußten sich zu wehren. Sie legten Gegenstollen an und leiteten durch diese Wasser aus dem Burggraben innerhalb der Stadt in den feindlichen Stollen. Waldemars Mannen ertranken, und nach wochenlanger Belagerung mußte Waldemar abziehen. Seine Verluste waren groß, immerhin 800 Streiter und 2.000 Pferde sind vor Woldegk umgekommen.

Dann schlossen Herzog Joachim von Pommern-Stettin und Markgraf Friedrich von Brandenburg am 11. April 1440 gegen Heinrich den Älteren von Mecklenburg-Stargard ein Bündnis. Die Stadt wurde erobert und kam 1442 erst an Mecklenburg durch den Vertrag zu Wittstock zurück. Die Burg war ganz, die Tore und Mauern nur teilweise zerstört, was dem herumziehenden Raubgesindel, zumeist beschäftigungslose Söldner, willkommene Beute bescherte. Geschehen ward dies 1443, als die Verarmung und Verwüstung groß war. Die Burg wurde nicht wieder aufgebaut, und vieles sonst in der Stadt nur notdürftig hergerichtet. 1547 ist eh bei einem Brand der Großteil wieder vernichtet worden, darunter auch das Rathaus, das erst 1581 wiedererstand.

Mitte des 19. Jahrhundert ereilte Woldegk eine Belebung, als größeres Unternehmen erhielt die Ackerbürgerstadt 1883 eine Molkereigenossenschaft. Durch den Bau der Friedrich-Wilhelm-Eisenbahn in den Jahren 1892/93 wurde die Errichtung einer Zuckerfabrik ermöglicht, 1907 entstand ein Gaswerk und 1912 ein Wasserwerk. 1928 wurde im sogenannten Bürgermeister-Wallhaus ein Museum eingerichtet, dessen Bestände 1945 allerdings verloren gingen. Zu 70 Prozent wurde Woldegk 1945 zerstört, was jedoch keine Folge der direkten Kriegseinwirkung war; es heißt, Zwangsarbeiter hätten die Stadt angesteckt.

Bekannt ist Woldegk eigentlich als Stadt der Mühlen. Insgesamt hat es einst zehn gegeben, doch drei wurden abgerissen, und jetzt sind's nur noch fünf. Die älteste Mühle war eine der Kirche gehörende Wassermühle, doch im Gegensatz zu den schlechten Wasserverhältnissen boten die Woldegk umgebenden Höhen gute Bedingungen für Windmühlen, was die Woldegker dann auch schnell erkannten. Der höchste Berg in der Umgebung ist der Helpter Berg mit 179 Metern. Wenn man von Fürstenwerder aus in die Stadt gelangt, erhebt sich an der Göhrener Chaussee die einstige Gotteskampmühle, 1736 erbaut und 1895 abgerissen, als Turmwindmühle wieder aufgebaut und seit 1943 als Mühle außer Betrieb. Sie dient jetzt dem Töpferehepaar Saalfeld als Wohnort und Werkstatt.

Durch die Stadt weisen Schilder in die Museumsmühle, die 1763 in der Stadt abgerissen und dann an der jetzigen Stelle wieder aufgebaut worden war. 1883 entstand daraus eine Erdholländer-Mühle, die jedoch nach 1952 nicht mehr betrieben wurde. Seit 1969 ist sie Museum, das Funde aus der Ur- und Frühgeschichte zeigt, aber auch vieles über das Mühlenhandwerk verrät. In der zweiten Etage bieten sich von jedem der vier Fenster die anderen Woldegker Mühlen dar: Im Süden die soeben beschriebene Töpfermühle, im

Westen, schräg gegenüber dem Museum, jene, die derzeit als technisches Denkmal ausgebaut wird, im Norden die als Gaststätte genutzte und im Osten eine privat genutzte.

Angelegt wurde Woldegk auf einem ovalen Grundriß mit einem gitterförmigen Straßennetz, einem rechteckigen Markt mit einem Rathaus in der Mitte. Von der einstigen Bebauung mit zweigeschossigen Fachwerkhäusern aus dem 18. und 19. Jahrhundert sind nur wenige Beispiele erhalten geblieben, leider fiel auch das Rathaus dem Brand von 1945 zum Opfer. 1955 wurde zwar die Stadt unter Wahrung des alten Straßennetzes neu bebaut, doch die Modelltafeln im Mühlenmuseum veranschaulichen sehr deutlich, wie wenig sich neuzeitliche Plattenbauten in die mittelalterliche Stadtanlage einpassen. Außerhalb der Alt-

Töpferwerkstatt in Woldegk

stadt, an der Prenzlauer Chaussee, sind noch Reste einer Scheunenzeile mit Fachwerkscheunen zu finden, die um die Mitte des 19. Jahrhunderts entstanden sind.

Fast vollständig erhalten ist in Woldegk erstaunlicherweise die Stadtbefestigung. Die Feldsteinmauer aus dem 13. Jahrhundert hat eine Höhe von drei bis vier Metern. Lücken befinden sich vor allem im westlichen Abschnitt, die Wiekhäuser sind zumeist verfallen. Dafür existieren dort noch Teile des Wall-Graben-Systems. Sämtliche Stadttore allerdings wurden im 19. Jahrhundert abgetragen. Ein Hünengrab ist vor der Stadtmauer zu besichtigen, rechts, wenn man aus Richtung Fürstenwerder kommt. Die Stadtkirche St. Petri aus dem 13. Jahrhundert ist ein dreischiffiger Hallenbau mit eingerücktem Westturm. Der Feldsteinbau wurde 1902 stark erneuert. 1945 arg beschädigt, wurde die Kirche von 1954 bis 1957 wiederhergestellt. Chor und Schiff erhielten eine Flachdecke und anstelle des Fachwerk-Turmaufsatzes entstand ein Abschluß des Turmes durch einen Backsteingiebel.

Als der liebe Gott die Uckermark verteilt hatte, kam der Teufel und sagte: »Mein Herr und Gott, Du hast mich ganz vergessen.« Der liebe Gott geriet in Verlegenheit, denn vertragsgemäß mußte der Teufel auch seinen Teil abbekommen. »Also gut«, sagte der Gott, »dann nimm Dir soviel, wie Du mit einer Hand bedecken kannst.« Da spreizte der Teufel seine Hand, setzte einen Finger auf Oderberg, einen auf Joachimsthal, einen auf Brüssow, den vierten auf Fürstenwerder, und den Daumen hielt er auf **Strasburg.** So wurde Strasburg die nördlichste Stadt der Uckermark, und wollte auch heute gern wieder dazu zählen. Daher stritten Mecklenburg-Vorpommern-Befürworter gegen Brandenburg-

Anhänger, und des öfteren warben Plakate und Flugblätter für das eine oder andere.

Mitte des 13. Jahrhunderts wurde Strasburg bei einer älteren Burg in einem regelmäßigen Grundriß angelegt, im Zentrum mit einem großen viereckigen Markt, in dessen Mitte bis 1945 das Rathaus stand. Die alte Bebauung ist weitgehend vernichtet worden, nicht nur der Zweite Weltkrieg, durch den die Innenstadt zu 45 Prozent zerstört wurde, sondern auch 40 Jahre danach haben erheblich dazu beigetragen. Erhalten sind noch einige historische Wohnbauten, zumeist zweigeschossige Fachwerktraufenhäuser vom Ende des 18. Jahrhunderts, aber die muß man suchen. Zum Beispiel das 1733 als Adler-Apotheke eröffnete Haus in der Ernst-Thälmann-Straße 15, ein zweigeschossiges Traufenhaus von sieben Achsen mit einem großen Korbbogenportal, dessen Fassade um 1900 verändert wurde. Oder das in der Falkenberger Straße 14, ein stattliches zweigeschossiges Traufenhaus von acht Achsen mit seitlicher Durchfahrt von 1826, dessen zweiflügelige Haustür mit ornamentaler Schnitzerei nicht alltäglich ist. Doch sonst erscheint die Stadt ziemlich öd, deren Stadtwappen (drei Türme) an die ehemaligen Stadttore Altstädt, Jüteritz und Falkenberg erinnert.

Strasburg wurde aus den gleichnamigen Dörfern gegründet, wovon heute noch Straßennamen zeugen. Eine Urkunde über die Stadtgründung gibt es nicht mehr, erstmals wird eine Stadt Straceburch in einer Urkunde des Herzogs Barnim I. von Pommern 1277 erwähnt. Die Grenzlage behinderte die Entwicklung der Stadt, deren Aufbau stets ein Provisorium blieb. Von 1323 an ist Strasburg für zwei Jahre mecklenburgisch, wird erneut 1358 durch den Herzog Albrecht von Mecklenburg belagert. 1379 tritt die Stadt dem Städtebündnis gegen Straßenraub bei, 1395 erhält sie ihr erstes Stadtwappen. 1415 werden die Stadt Strasburg und zahlreiche Vasallen des Uckerlandes wegen Ungehorsams gegen den Burggrafen von Nürnberg geächtet. Vier Jahre später entbrennt erneut ein Kampf um Strasburg zwischen Mecklenburg und Pommern. Endlich erhält die Stadt das Recht, eine Schützenkompanie zu bilden. Dieses Privileg hatte Friedrich I. im Jahre 1741 bestätigt, und auch heute noch wird der Brauch gepflegt, jährlich Schützenfeste zu feiern und einen Schützenkönig zu krönen.

1432 wird Strasburg wieder einmal durch die Pommern erobert und erhält ein Jahr später eine eigene Münzstätte. Hunger und Seuchen und der Dreißigjährige Krieg lassen die Einwohnerzahl von 2.000 auf 200 sinken, die Stadt wird verwüstet, der Rest brennt ab, denn die Lehmfachwerkhäuser mit ihren Strohdächern, aus denen die Stadt größtenteils bestand, bieten den Flammen genügend Nahrung. Erst 1883 aber wird eine Freiwillige Feuerwehr gegründet.

1599 entsteht das Rathaus, das 1715 neu aufgebaut wird. Als ein Knotenpunkt zwischen Handels- und Heerstraße begünstigt Strasburg die Ansiedlung von Handwerkern. Um 1800 zählt man in der Stadt: 65 Schuhmacher, 24 Leineweber, 9 Wollgerber, 18 Tuchmacher, 20 Wollspinner, 12 Weißgerber und 79 Ackerbüger. Bei der Kreisreform 1816 wird Strasburg dem Kreis Prenzlau zugeordnet, 1847 die erste Stadtverordnetenversammlung gewählt. Doch das Stadtrecht soll Strasburg urkundlich erst 1850 zuerkannt worden sein. 1854 wird die

Fürstenwerder: Woldegker Tor

Chaussee nach Pasewalk gebaut, 1858 die nach Woldegk. 1863 entsteht eine Telegraphenstation, 1867 eröffnet die Eisenbahnlinie nach Neubrandenburg, 1882 wird eine Zuckerfabrik in Betrieb genommen. Die Landwirtschaft prägt das Gesicht der Stadt auch heute noch, so zu sehen im Heimatmuseum in der Pfarrstraße, hinter der Kirche gelegen.

Vom einstigen Feldsteinmauerring um die Stadt mit Wiekhäusern und den drei Stadttoren, der um 1300 entstand, existieren nur noch Reste an der Westseite der Stadt, die 1983 saniert wurden. Mitte des 19. Jahrhunderts ist die ehemalige Stadtbefestigung weitgehend abgebrochen worden. Seit 1990 hat die Statue der »Weinenden Mutter« wieder ihren Platz auf dem ehemaligen Soldatenfriedhof gefunden. Die Kirche St. Marien ist eine dreischiffige Hallenkirche mit einem eingezogenen Rechteckchor und einer Nordsakristei. Der Bau, einziger Zeuge in der Stadt aus der Zeit des 13. Jahrhunderts, entstand in zwei Bauperioden: im 13. und 15. Jahrhundert. Aus ersterem stammen der Chor, sorgfältig aus Feldstein erbaut, sowie der Feldsteinunterbau der zweitürmig angelegten Westfront, von der nur der Südwestturm bis zu einer Höhe von zwei Geschossen ausgebaut wurde, während der Nordwestturm in seinen Anfängen steckenblieb. Im 15. Jahrhundert ist das Schiff als breite dreischiffige Backsteinhalle erbaut worden. Der Ostgiebel mit reichen Maßwerkblenden wurde im Oberteil 1837 erneuert, ebenso wie der quadratische Fachwerkaufsatz des Südwestturmes. Die Kirche wurde 1865 und nach 1945 restauriert. Die katholische Kirche, ein gotisierender Backsteinbau, wurde erst um 1910 erbaut.

Der Weg von Strasburg nach **Wolfshagen** führt größtenteils durch den Wald, aber interessanter ist es, von Woldegk aus in den Ort zu fahren. Gleich rechts nämlich erscheint ein kleines unscheinbares Häuschen, was die frühere mecklenburgische Zollstation war. Davor, links und rechts, die zwei runden Steinpfeiler haben die Grenze markiert. Und nur ein paar Meter weiter erhebt sich ein eingeschossiger Feldsteinbau mit einem Dekor in Backstein, dessen Längsseite neun Achsen aufweist sowie an der Giebelseite mit neugotischen Spitzbogen- und Dreipaßblenden versehen ist. Das war einst die preußische Zollstation, erbaut um 1835, Glanz und Gloria verbreitend im Gegensatz zur mecklenburgischen Nüchternheit.

Der Reisende wird erstaunt sein, wieviele Zeugen der Vergangenheit der kleine Ort Wolfshagen zu präsentieren hat. Gegründet vor gut sieben Jahrhunderten, war auch Wolfshagen stets Zankapfel zwischen mecklenburgischen Fürsten, brandenburgischen Markgrafen und pommerschen Herzögen. Davon zeugen die Ruinen der zerstörten mittelalterlichen Wasserburg derer von Blankenburg, die sich am Westufer des Haussees befinden. Erhalten geblieben ist der Bergfrit, ein runder Backsteinturm mit quadratischem Feldsteinsockel, der wohl aus dem 14. Jahrhundert stammt.

Das ehemalige Schloß wurde leider 1945 zerstört, erhalten hat sich lediglich ein Verwaltergebäude aus dem 18. Jahrhundert, ein rechteckiger Putzbau mit Mansardendach. Im ehemaligen Schloßpark, der 1832 unter Mitarbeit von Peter Joseph Lenné angelegt wurde, erinnert ein Denkmal, ein turmartiger neugotischer Aufbau aus gelben Backsteinen, um 1830 erbaut, an die Befreiungskriege gegen Napo-

Alte mecklenburgische Zollstation in Wolfshagen

leon. Die Königssäule dagegen, ein Backstein-Obelisk auf
einem quadratischen Sockel, der sich an der Dorfstraße präsentiert, gedenkt der Einführung der Stein-Hardenberg-
schen Reformen und wurde 1834 errichtet.

Auffällig sind in Wolfshagen auch einige Wohnhäuser mit
Krüppelwalmdächern. Um 1830 ist der Gutshof sozusagen
planmäßig ausgebaut worden, so daß heute zwischen der jetzigen Bundesstraße nach Prenzlau und der Kirche noch mehrere eingeschossige Traufenhäuser aus Fachwerk oder Feld-
und Backstein mit fünf bis sieben Achsen zu finden sind. An
den Fassaden künden gußeiserne Schilder vom Erbauungs-
jahr: 1834, 1835 und 1836.

Rechts vor der Kirche liegt das Erbbegräbnis derer von Schwerin. »Selig sind die Toten«, verheißt ein Schriftzug über dem Grabmal, das anno 1860 erbaut wurde: Links findet sich die Ruhestätte von »Johann Christoph Hermann Graf von Schwerin, Königlich-Preußischer General-Major, Ritter des Eisernen Kreuzes I. Klasse, St. Annen, St. Johanniter und des Rothen Adlerordens II. Klasse mit dem Stern und Eichenlaub, Erbherr der Besitzungen und Stammhäuser Wolfshagen und Mildenitz in der Mark und Mecklenburg, geboren den 18. Juni 1776, gestorben den 6. August 1858«, rechts die Grabplatte von »Rosalie Ulrike Gräfin von Schwerin, geborene Gräfin von Dönhoff-Dönhoffstadt, Erbherrin der Besitzungen Tamsel in der Neumark, geboren den 7. October 1789, vermählt den 4. Juni 1816, gestorben den 4. August 1865«. Dann kommen beidseitig die Ahnentafeln, doch die sind lang...

Dann steht man staunend vor der Kirche, einem aufwendigen neugotischen Putzbau, dessen Äußeres durch Strebepfeiler, Blenden, Giebel und reiches ornamentales Dekor geschmückt ist. Zu beiden Seiten des Hauptportals stehen Sandsteinfiguren von Luther und Calvin, mit Baldachinen überdeckt. Erbaut um 1858 über einem kreuzförmigen Grundriß mit einem querrechteckigen Westturm, liegt die Kirche nun in kommunaler Hand. Geld für die kostspielige Restaurierung soll auch durch Spenden zusammengetragen werden, doch das kann dauern. So darf Wolfshagen nur hoffen, vom Kuchen des sanften Tourismus durch die Uckermark zu profitieren. Denn als Ausflugsort ist das Dorf allemal eine Reise wert.

Klosterruine in Gramzow

Von Heiligen und Heiden

Beobachtungen in den kleineren Orten der Uckermark

ANFAHRT NACH GRAMZOW ÜBER DIE AUTOBAHN BERLIN–STETTIN ÜBER BERLIN-WEISSENSEE BIS ZUR ABFAHRT PRENZLAU, DANN WEITER IN RICHTUNG GRAMZOW AUF DER B198 (ETWA 90 KILOMETER); DIE ANFAHRT MIT DER BAHN IST ETWAS UMSTÄNDLICH: VON BERLIN ÜBER EBERSWALDE, ANGERMÜNDE, PRENZLAU UND VON DORT NACH GRAMZOW

A uf der Autobahn Berlin–Stettin lichten sich vor dem Abzweig Prenzlau die hohen Buchenwälder und geben die Sicht auf die steil emporragende Ruine der ehemaligen Klosterkirche in **Gramzow** frei. Der Ort gehört zu den elf Städten und Dörfern in der Uckermark, die ihre Ansiedlung Klöstern verdanken. Das Gramzower Prämonstratenser-Mönchskloster stammt noch aus der Zeit pommerscher Herrschaft in der Uckermark. In seinem Glaubenseifer gedachte das pommersche Herzogtum, in der heidnischen Einöde so Samenkörner des Christenglaubens

111

ausstreuen zu können. Gestiftet wurde das Kloster vermutlich 1178 von Bogislaw I., urkundlich erwähnt erstmals
1224. Das Kloster war eine Tochtergründung des pommerschen Klosters Grobe in Pudagla auf Usedom.

Gramzow entwickelte sich zu einem der bedeutendsten
Klöster der Uckermark. Schon 1216 erhielt es die Fischereigerechtigkeit auf den umliegenden Seen. 1295 wurde das
Kloster direkt dem Papst unterstellt. Die Pommernfürsten
schenkten dem Kloster 64 Hufen Ackerland; in der Blütezeit
des Klosters im 14. und 15. Jahrhundert gehörten zu seinem
Besitz die Orte Gramzow, Briest, Fredersdorf, Meichow und
Melzow. 1536, nach der Reformation, ließ der Landvogt der
Uckermark, Hans von Arnim, den Besitz an Kostbarkeiten
feststellen und bereitete so die Beschlagnahme des Klosters
vor. Der letzte Probst genoß bis zu seinem Tode 1540 noch
sein Gnadenbrot in Gramzow. Ende des 16. Jahrhunderts
wurden die Klöster Gramzow und Seehausen zum kurfürstlichen Amt mit Sitz in Gramzow zusammengeschlossen. Ein
Brand am 29. Juli 1714 zerstörte die Klosteranlage weitgehend, so daß sich das Amt entfernt von den Resten der Got-
teshäuser eine neue Wirkungsstätte suchen mußte.

Von dem Kloster auf der Anhöhe sind nur noch Reste des
Westflügels der Klosterkirche mit einer originellen sechs-
eckigen Kapelle zu besichtigen. Die Kirche, 1235 im roma-
nischen Stil als Granitbau errichtet, war ursprünglich eine
dreischiffige Backsteinhalle mit einem Querschiff und
Umgangschor. Von 1355 bis 1365 erfolgte ein Umbau zur
gotischen Backsteinkirche. Ab 1687 wurde die Kirche von
den eingewanderten Hugenotten als Gotteshaus genutzt,
bis der Brand dem ein Ende setzte. Erst 1885 dachte man
daran, die Ruine der Kirche als Denkmal zu bewahren.

Der 1178 erstmals erwähnte Ort »Gramsowe« entwik-
kelte sich schnell von einem Marktflecken schon im 13. Jahrhundert zu einer stadtähnlichen Ansiedlung. 1305 erhielt
Gramzow vom Kloster Zoll. Nun schien auch das Kloster
Ansprüche an den Ort zu stellen, und so entbrannte 1532
zwischen Gramzow und dem Kloster ein Streit über die
Dienste der Bauern. Die Schlichtung oblag dem Hauptmann
Joachim von Arnim. Dieser verfügte, daß jeder Anspänner in
jeder Fahrzeit einen Tag Dienst für das Kloster zu leisten,
jeder Braubürger für den Probst von einer Tonne Bier 12
Pfennig zu erbringen und jeder Anspänner Holz zum Ziegel-
ofen des Klosters zu schaffen habe.

Die Kirche St. Marien in Gramzow ist in der zweiten Hälfte des 13. Jahrhunderts als frühgotischer einschiffiger Feldsteinbau mit gleich breitem Westturm, dessen Mauern im
unteren Teil gute 2,50 Meter stark sind, erbaut worden. Ein
noch heute begehbarer Geheimgang innerhalb des Turmes zeugt von der einstigen Verteidigungsfunktion des
Gotteshauses. Nach der Zerstörung im Dreißigjährigen
Krieg wurde sie 1686 wieder aufgebaut, wobei die Blen-
dengiebel des Westturmes in Backstein erneuert wurden.
Die Bemalung der Balkendecke im Inneren stammt aus dem
17. Jahrhundert. Die 1379 hergestellte Glocke in der Kirche
ist eine der ältesten in der Mark Brandenburg. Seit dem
Brand im Kloster wurde die Kirche simultan von der deutschen und französischen Gemeinde genutzt. Seit 1953
besitzt Gramzow außerdem eine katholische Kirche.

Die historische Bausubstanz in Gramzow ist noch weitgehend erhalten, präsentiert durch denkmalgeschützte ein-
und zweigeschossige Fachwerkhäuser am Markt. Einen ech-
ten uckermärkischen Hof kann der Reisende am Markt 23

bei Familie Kühn bestaunen. Das Wohnhaus steht ganz normal zur Straße. Erst mit der Toreinfahrt öffnet sich das bäuerliche Anwesen. 1902 schon besaß Gramzow ein kleines Elektrizitätswerk, noch vor Prenzlau und Angermünde. Stolz verweisen die Gramzower auf eine andere Besonderheit des Ortes. Die Heimatdichterin Anna Karbe wurde in Gramzow geboren. Die Tochter des Amtsmannes Hermann Karbe, Pächter der dortigen Domäne, verdankt ihre Neigung zur Lyrik ihrem Hauslehrer Siebel. Begraben liegt sie allerdings in Lichterfelde (Kreis Eberswalde), wo sie mit ihrem Mann auf dem Familiengut seit 1873 gelebt hat.

Am Gramzower Markt lädt das »Deutsche Haus« zu uckermärkischem Essen ein. Angeboten werden Pökeleisbein und Schweinekopfsülze. Wer Glück hat, trifft dort auf Gäste, die typisch uckermärkische Rezepte verraten, wie zum Beispiel das

SCHLÄCHTERGERICHT

Etwa 2 Kilogramm dicke, fettige Rippen und ein Viertel Milz werden in Wasser gar gekocht, das mit Salz, Piment- und Pfefferkörnern, Lorbeer, Oregano, Salbei und Zwiebeln gewürzt ist. Die Milz ist nach dem Garen zu entfernen, serviert wird nur die klare Brühe. Dazu reicht man Sauerkraut und frische Pellkartoffeln.

Das Bahnhofsgebäude am Ortsausgang ist ein liebevoll gestalteter Zweckbau aus Backsteinen. 1905 wurde der Ort nämlich in das Kleinbahnnetz Damme-Gramzow-Schönermark einbezogen. Absicht war, die Hauptstrecken Berlin– Stettin und Berlin–Stralsund miteinander zu verbinden. Seit 1979 ist Gramzow Endstation und will nun als »Hauptbahnhof« wiedererstehen, für ein Brandenburgisches Museum für Klein- und Privatbahnen, übrigens das erste dieser Art in Deutschland.

Überquert man die Bahngleise, bietet sich nach etwa einem Kilometer eine herrliche Aussicht auf das Randowtal dar. Im Mittelalter soll die Randow ein schiffbares Gewässer gewesen sein. Dem träge vor sich hin fließenden Wässerchen ist das nicht gerade anzusehen, aber Funde von Skeletten großer Wassertiere und von nautischem Zubehör stützen nunmal die These. Gramzow ist von mehreren Seen umgeben: Haussee (im Volksmund auch Klostersee) sowie Kantorsee liegen am Fuße des Klosterberges, der Kuhsee lädt zum Baden ein. Wer mag, kann den See auch umwandern.

Einen Abstecher nach **Neu-Kleinow** zu machen, ist zwar etwas umständlich, aber vielleicht lohnenswert. Von Gramzow aus führt die Straße zunächst in Richtung Prenzlau, dann rechts nach Weselitz und über Falkenwalde, wo kurz nach dem Ortseingang der Weg rechts abgeht, nach Neu-Kleinow. Das Außergewöhnliche in diesem eher trostlosen Örtchen ist ein Mahlsteinmuseum, das die größte Sammlung nördlich von Berlin verkörpert. Man muß sich im Ort links halten und sieht zunächst viele Steine einfach so rumliegen. Erst bei näherer Betrachtung erschließt sich die frühere Funktion der über 70 Steine, aus der Stein- und Bronzezeit, von Slawen und Germanen; der Älteste stammt aus 5000 vor unserer Zeitrechnung. Mahlsteine zählen zu den ersten Arbeitsgeräten der Menschheit. In den siebziger Jahren hat Willi Wever angefangen, die Überbleibsel frühgeschichtlicher Siedlungsplätze zu sammeln. Darunter befindet sich auch ein alter Markierungstein der ehemaligen

Heerstraße, der im benachbarten Falkenwalde beim Straßenneubau beinahe verlorengegangen wäre. Der Verlauf der alten Heerstraße soll später Grundlage eines Wanderweges werden.

Auf der B 166 in Richtung Schwedt zweigt in Passow ein Weg nach Angermünde ab. Dieser führt nach **Grünow.** Am Welsetal gelegen ist der Ort nur wenige Kilometer von Briest getrennt, das einst zum Besitz des Gramzower Klosters gehörte. Vielleicht entstand deshalb ein für das Dorf ungewöhnlich großes Gotteshaus, eine echte Westwerkkirche, geprägt von rheinischem Formengut. Das hohe Schiff hat einen eingezogenen Rechteckchor im Osten und einen wesentlich höheren Westturm in Schiffsbreite sowie ein dreifach abgestuftes Westportal. **Briest** ist, so wird vermutet, älter als Grünow, obwohl 1288 erstmals urkundlich erwähnt. Die Kirche in Grünow ist ein reckteckiger Feldsteinbau aus der 2. Hälfte des 13. Jahrhunderts. Grünow ist der einzige Ort mit einer Ost- oder Charturmkirche östlich der Elbe, denn diesen Bautyp findet man sonst nur in Sachsen, Thüringen oder Franken. In Grünow allerdings ist das mit dem Ostturm so eine Sache, denn statt im Osten steht hier der Turm im Westen. Deshalb nennt man Grünow eben einfach Verkehrt-Grünow.

Entlang der Bahnlinie biegt kurz nach der Station Schönermark der Weg in den Ort **Biesenbrow** ab. Ehm Welk und die »Heiden von Kummerow« haben den Ort bekannt gemacht, denn Kummerow ist eigentlich Biesenbrow, und die Heiden haben offenbar daselbst gelebt. Der Schriftsteller Welk ist in Biesenbrow am 29. August 1884 auf der Schäferei, in einem kleinen Haus geboren worden (und starb am 19. Dezember 1966 in Bad Doberan).

Bronzefunde zeugen von einer Besiedlung der Gegend schon in früher germanischer Zeit. Einst kreuzte die Handelsstraße von Stralsund nach Frankfurt/Oder bei Biesenbrow die Welse, der Damm führte durch die Furt. Um den Welseübergang zwischen Greiffenberg und Passow zu überwachen, soll in Biesenbrow eine Burg angelegt worden sein. Nebenbei entwickelte sich eine Stadt, die aber – wie oft in der uckermärkischen Geschichte – niemals eine besondere Rolle gespielt hat. Doch immerhin soll sie Marktrecht besessen haben. Als Gründungsjahr wird 1292 angenom-

Kirche in Grünow

men, 1328 ist die Rede von einer sich nach dem Ort nennenden Adelsfamilie, die Teile des Ortes bis ins 17. Jahrhundert hinein besessen hat. 1355 findet der Ort als jener Teil der Uckermark Erwähnung, der an Pommern abgetreten wurde. Im Dreißigjährigen Krieg wird alles, was an eine Stadt erinnert, zerstört; Biesenbrow sinkt zum Dorf herab. 1686 gelangt Biesenbrow durch Verkauf an den Markgrafen von Schwedt und durch Heirat im 18. Jahrhundert an die Fürsten von Sachsen-Anhalt.

Von der Kirche, einem mittelalterlichen Feldsteinbau mit abgestuftem, spitzbogigen Westportal und einer von mächtigen Granitquadern spitz überwölbten Priestertür, konnte nach einem Brand im Jahre 1728 nur noch der Turm gerettet werden. Nach dem Brand im Jahre 1909 blieben nur noch die Grundmauern übrig, die sie als rechteckige Anlage ausweisen. Drei Jahre später wird die Kirche wiederaufgebaut, mit einer glatt geputzten Decke, und statt eines Holzturmes entsteht ein massiver Turm. Unmittelbar vor der Kirche entstand 1920 ein Denkmal für jene 19 jungen Biesenbrower, die aus dem Ersten Weltkrieg nicht zurückgekehrt waren.

Nach 1945 war Briesenbrow ein ausgesprochenes Bauerndorf. Durch die Bodenreform wurde der letzte Fürst von Sachsen-Anhalt enteignet und 96 Familien von Land- und Gutsarbeitern sowie von Flüchtlingen und Umsiedlern erhielten Land. Der Boden in Biesenbrow ist gut, Welk beschrieb ihn: »Es war eine schöne und nahrhafte Welt, in der Weizen, Rüben und Kartoffeln wuchsen, Hasen, Rehe und Wildschweine, Trappen, Rebhühner und Feldtauben, Fische und Krebse, Erlen, Weiden und Kiefern.« Der fruchtbare Boden ist dem Welsebruch zu danken, das sich nord-

östlich von Biesenbrow erstreckt, entstanden durch Aus-
schürfungen der letzten Eiszeit. Die Welse soll äußerst fisch-
reich, sogar schiffbar gewesen sein. Wie die Sage zu berichten weiß, hatte der Teufel eines Tages beschlossen, das Welsebruch trockenzulegen. Er rief zwei ungeheure höllische
Stiere herbei, die ihm helfen sollten, einen Graben durch
das Bruch zu ziehen. Die großen Tiere stemmten mächtig
ihre Hufen gegen die Erde, um den Pflug zu bewegen. Aber
das mißlang auf dem sumpfigen Boden, und sie brachen
immer wieder nach beiden Seiten aus. Dem Teufel gelang
so keine gerade Furche, deshalb schlängelt sich die Welse in
vielen Windungen durch die Landschaft.

Gleich hinter der Kirche in Biesenbrow liegt die ehemalige Schule, 100 Jahre schon ist sie alt.

Am Eingang hängt eine Tafel: »Hier besuchte Ehm Welk,
Autor des Romans ›Die Heiden von Kummerow‹ bei Kantor
Böttcher von 1890 bis 1898 die einklassige preußische
Schule.«

Im alten Klassenzimmer, das heute als Vereinsraum von
den Biesenbrowern genutzt wird, ist eine kleine Ausstellung
mit Dokumenten über Ehm Welk und sein Briesenbrow zu
sehen (bei Besichtigungsbedarf sollte man sich bei Hans
Gerhardt melden, der im Haus wohnt). Biesenbrow will nun
mehr von Welk und seinen Heiden profitieren, weshalb man
erwägt, das Dorf als das »Kummerow« Ehm Welks für Tou-
risten sichtbar zu machen. Alte Bezeichnungen und deutli-
che Hinweisschilder sollen so für eine Zukunft des Dorfes
sorgen. Lebten früher 600 Menschen in Biesenbrow, waren
es nach dem Zweiten Weltkrieg gar 800. Derzeit liegt die
Einwohnerzahl nur noch bei etwa 280, mit abnehmender
Tendenz. Welk als Rettungsanker?

Wer den Weg nach Polßen einschlägt, kann so noch ein wenig die Ursprünglichkeit der Natur des Welsebruchs genießen. Von dort aus führt die B 198 dann direkt nach **Greiffenberg.** Es ist ein kleiner, ruhiger und beschaulicher Ort, von dem erstmals 1261 als »civitas Grifenberg« in Besitz eines Ritters Johannes von Grifenberg die Rede ist. Ein Hospital im Ort soll bereits von dessen Vorfahren gegründet worden sein. Man nimmt an, daß die Ansiedlung in pommerscher Hand war, bevor die Askanier das Land besiedelten. Im Nordosten der Stadt, kurz hinter der Schule, liegt eine Burgruine. Im wesentlichen ragen nur noch zwei Bauteile empor, die Reste eines quadratischen Torturmes und der Stumpf eines Rundturmes. Die vermutlich erst aus dem 14. Jahrhundert stammenden Feldsteingrundmauern waren durch einen breiten, aus dem Flüßchen Gernitz abgeleiteten

Das Ehm-Welk-Geburtshaus in Biesenbrow

Ehm-Welk-Schule

Graben geschützt. Noch 1712 soll eine Zugbrücke vorhanden gewesen sein.

Ab 1473 bis zum 17. Jahrhundert war eine Familie von Sparr in Besitz von Burg und Stadt. 1803 ging sie durch Verkauf an den Kammerherrn Heinrich Otto von Wülknitz. Das adlige Gut kam 1808 mit Zubehör in den Besitz des Landrates Karl Friedrich von Wedel-Parlow. Um 1825 wurde das Vorwerk Ober-Greiffenberg herausgelöst, die Stadt kam 1850 an den Grafen Friedrich Wilhelm von Redern. Die Familie von Redern hat das Gut erworben und damit den alten Besitz Greiffenberg wiederhergestellt.

Anzeichen eines gewissen Aufstiegs der Stadt sind erst Anfang des 18. Jahrhunderts infolge der überall in der Mark einsetzenden landesherrlichen Fürsorge zu vermerken. 1809 wurde die Städteordnung eingeführt. Neben landwirtschaftlichen Berufen war auch Industrie in Greiffenberg vertreten, zum Beispiel eine Strohhutfabrikation und eine Töpferei. »Eine Judenfamilie spricht«, so heißt es in einem alten Landbuch, »für vorhandene wirtschaftliche Regsamkeit.« Greiffenberg habe frühzeitig dem nahen Angermünde Konkurrenz gemacht, heißt es. In Angermünde war man daher offensichtlich bemüht, den dörflichen Charakter der Ansiedlung zu bewahren. So wandte sich die Stadt gegen die Beibehaltung des städtischen Gewerbes in Greiffenberg. Mit Erfolg, auch heute noch.

Greiffenberg hat drei Ausgänge aus der Stadt, die jedoch nicht etwa von einem aus dem Mittelalter stammenden Mauerring herrühren, den Greiffenberg nie besessen hat. Die Kirche ist ein einfacher barocker Putzbau von rechteckigem Grundriß mit einer Vorhalle auf der Südseite. Die gerade Decke ist glatt geputzt und ein geschieferter Turm oben zu einem kurzen viereckigen Aufbau aus Brettern zusammengezogen, der das Gehäuse für eine Uhr bildet. 1723/24 war die Kirche neu aufgebaut worden und ein zweiter Pfarrer wurde angestellt.

Die Pestalozzi-Schule an der Straße nach Prenzlau ist nicht zu übersehen. Der Turm war ein früheres Wahrzeichen gräflicher Herrschaft. 1946 wurde in dem Gebäude die Schule eingerichtet, und durch einen Umbau des Turmes erhielt sie dort 1965 eine Schulsternwarte.

Durch die Schorfheide in die Perle der Uckermark

Herrschaftliches Jagdgebiet zu allen Zeiten

ANFAHRT VON BERLIN-WEISSENSEE ÜBER DIE AUTOBAHN
BERLIN–STETTIN BEI FINOWFURT ABFAHREN, DANN WEITER AUF DER
B167 IN RICHTUNG LÖWENBERG, BIS DIE STRASSE RECHTS NACH
JOACHIMSTHAL ABBIEGT, BIS EICHHORST SIND ES ETWA 50 KILOMETER

D a, wo die Straße den Werbellinkanal kreuzt, liegt der Ort **Eichhorst**. Direkt an der Schleuse, dem Tor zum Werbellinsee. Die Chronik berichtet, daß der Einwohner Karl Thiele den Ausspruch getan haben soll: »Hiet de Försteri Eichheide, kann unser Dörp ok Eichhorst heten!« Und Eichen gibt es tatsächlich im Ort, eine sogar über 600 Jahre alt. 16 Familien, die sich 1766 dort ansiedelten, tauften die Kolonie »Holländische Papiermühle«. Zugleich entstand eine zweite Siedlung namens »Rosenbeck«. Beide bildeten die Gemeinde »Werbelliner Kanalkolonie«.

123

Andere Quellen geben zur Namensgebung wieder, was das Amtsblatt der Königlichen Regierung zu Potsdam und der Stadt Berlin vom 21. Juni 1878 kundtat: »Des Königs Majestät haben mittels Allerhöchsten Erlasses vom 17. Mai die Umwandlung des Namens der aus den beiden Kolonien Rosenbeck und Holländische Papiermühle gebildeten, im Kreise Niederbarnim gelegenen Gemeinde ›Werbelliner Kanalkolonie‹ in den für beide Kolonien gemeinsamen Namen ›Eichhorst‹ zu gestatten geruht, was hierdurch zur öffentlichen Kenntnis gebracht wird.«

Zur Ansiedlung am Werbellinfließ (erst 1761 bis 1766 zum Werbellinkanal ausgebaut) war es durch einen Erlaß des preußischen Königs Friedrich I. vom 22. Februar 1709 gekommen, am Ausfluß des Werbellinsees eine Papiermühle zu bauen, und zwar auf holländische Art, wo die Papierproduktion »den höchsten Grad der Vollendung in jener Zeit erstiegen hatte«. Geleitet wurde der Bau daher auch von einem holländischen Baumeister, der Zimmermeister gleich mitgebracht hatte. 1711 konnte die Papiermühle mit der Herstellung von Post-, Konzept- und Schreibpapier beginnen. Die Besitzer wechselten, bis die Mühle 1866 abbrannte und nicht wieder aufgebaut wurde. Bis dahin durchzogen stets die Lumpensammler die umliegenden Ortschaften, denn ein Zentner »feiner« Lumpen für die Mühle brachte immerhin einen Thaler und 12 Groschen ein.

Von der Schleuse, der gegenüber ein Denkmal an die Gefallenen im Ersten Weltkrieg aus der Gemeinde Eichhorst erinnert, führt ein Fußweg am Werbellinkanal entlang zum Askanierturm. »In Erinnerung an die Askanierburg Werbellin 1247 – 1350 weihte diesen Thurm Prinz Carl von Preußen am 2. October 1879« steht über der Eingangstür. Das älteste bekannte Zeugnis, das auf die Askanierburg Werbellin hindeutet, stammt aus dem Jahre 1247. Sie soll von den Markgrafen Otto III. und Johann I. an der Südwestspitze des Werbellinsees errichtet worden sein. Es heißt, die Burg habe auf einer Landzunge gestanden, die mittels eines Durchstiches in eine schwer zugängliche Insel umgewandelt worden sei. Nach dem Aussterben der Askanier jedenfalls verfiel sie, bis mehrere Kriege sie zerstörten. 1934 sollen nur noch geringe Reste zu finden gewesen sein, letztmalig wurde die Burg am 3. Februar 1319 genannt. Der Heimatdichter Ferdinand Brunold hatte die Idee, in Gedenken an die Burg einen Aussichtsturm auf dem Schloßberg zu errichten. (Friedrich Brunold war das Pseudonym des Joachimsthaler Lehrers August Ferdinand Meyer, der von 1811 bis 1894 lebte.) Seit 1974 steht der Turm unter Denkmalsschutz und wurde 1991 richtig fein restauriert.

Kaum, daß man Eichhorst verlassen hat, kündet ein weithin sichtbares gelbes Schild mit schwarzer Schrift das größte Biosphärenreservat Deutschlands an: Schorfheide-Chorin. Der Name **Schorfheide** erinnert noch an jene Zeiten, als die uckermärkischen Bauern ihre Schafe (Schoofe) zur Weide in die königlichen Wälder trieben. Davor war die Bezeichnung »Große Werbellinsche Heide« gebräuchlich.

Das Biosphärenreservat ist nicht in seiner Gesamtheit touristisch zu erschließen. Es teilt sich in vier Zonen: Zum einen in die Kernzone, die etwa 2,8 Prozent der Gesamtfläche ausmacht und ausschließlich zu wissenschaftlichen Zwecken betreten werden darf. Eine zweite Kategorie sind die Naturschutzgebiete, die zumeist mit einer Eule auf gelbem Grund und dem Zusatz ›NSG‹ gekennzeichnet sind. Hier dürfen ausgeschilderte Wege nicht verlassen werden;

Baden, Angeln, Wassersport, Camping oder Feuerstellen sind verboten. Bewirtschaftungs- und Pflegemaßnahmen dienen ausschließlich dem Naturschutz, um die hohe Artenvielfalt zu erhalten. Harmonische Kulturlandschaft nennt sich die dritte Zone. Hier darf sich dann der sanfte Tourismus entwickeln. Und später auch in jenen Flächen, die heute Sanierungszonen heißen und Kulturlandschaften werden sollen. Gülle, industrielle Entwicklungen und Grundwasserabsenkungen haben diese Flächen so geschädigt, daß sie einer Wiederherstellung bedürfen.

Die Straße von Eichhorst nach Joachimsthal führt direkt entlang am **Werbellinsee,** der an seiner tiefsten Stelle 74 Meter mißt. Dieser eiszeitliche Rinnensee ist das touristisch bekannteste Gewässer der über 140 Seen in der Schorfheide, der Parsteiner See mit 1.000 Hektar Wasserfläche hingegen der größte. Die Sage berichtet, daß in alter Zeit anstelle des Werbellinsees eine Stadt namens Werbellow gelegen habe. Diese sei untergegangen, und das kam so: Reichtum hatte sich in der Stadt derart ausgebreitet, daß viele Gebrauchsgegenstände des täglichen Lebens aus Gold und Silber gefertigt waren. Die Bürger der Stadt hatte dieser Reichtum zu Übermut und einem lockeren Lebenswandel, aber auch zu Hartherzigkeit verführt. Als eines Tages ein Bettler in die Stadt kam, wurde er von Tür zu Tür gejagt. Nur im letzten Haus fand er einen mildtätigen und guten Menschen, der ihn bewirtete. Diesem nun träumte es in der Nacht, er solle die Stadt sofort verlassen. Er tat dies sogleich, doch hatte er in der Eile etwas vergessen. Als er zurückkam, fand er jedoch statt der Stadt nur noch einen großen See vor. Sonntagskinder sollen am Johannistag mittags um zwölf Uhr die Glocken der versunkenen Stadt läuten hören.

Askanierturm bei Eichhorst

Die Schorfheide galt seit Jahrhunderten als bekanntes Jagdgebiet. Auch davon wußte Fontane zu berichten. »Als Waldgrund«, schrieb er, »mag er (der Werbelliner Forst – B.R.) innerhalb unsrer Marken überflügelt werden, als Jagdgrund steht er einzig da.« Das hat König Friedrich Wilhelm IV. sicher bewogen, seinem romantischen Geschmack freien Lauf und in den Jahren von 1847 bis 1849 ein Jagdschloß errichten zu lassen. Es entstand im Stil eines bayerischen Landhauses nach dem Vorbild eines kurz zuvor an der Moorlake bei Potsdam errichteten königlichen Gebäudes und erhielt 1851 die Bezeichnung »Jagdhaus am Hubertusstock«. Kaiser Wilhelm ließ gar den kürzesten Weg nach **Hubertusstock** erkunden, um Geld für zusätzliche Kosten einzusparen. Ermittelt wurde als solcher die Strecke vom Bahnhof Werbellinsee mit 9,825 Kilometern, der noch heute im Volksmund stolz »Kaiserbahnhof« genannt wird. An derlei Sparmaßnahmen könnte sich in der Neuzeit so mancher Minister orientieren, der wieder einmal den Kauf einer neuen Staatskarosse erwägt.

In Hubertusstock nahmen die Hohenzollern-Herrscher mit ihren Gästen und dem Gefolge während der jährlichen Hofjagden in der Schorfheide, besonders in der Zeit der Hirschbrunst, Quartier. Im November 1918 wurde das Jagdschloß als Nationaleigentum vom Arbeiter- und Soldatenrat in Joachimsthal besetzt, ging aber erst 1926 in das Eigentum des preußischen Staates über. Kurzzeitig hatte im Dritten Reich auch Reichsjägermeister und Luftwaffenminister Hermann Göring mit dem Gedanken gespielt, Hubertusstock für sich zu vereinnahmen. Doch entsprach es nicht seinem Geschmack, und so ließ er in der Nähe Karinhall errichten.

Karinhall war ein dreiflügeliges, eingeschossiges Blockhaus mit Ziegeldach, natürlich unterbunkert. Die Bezeichnung geht auf den Namen der ersten Frau Görings zurück. Es diente jedoch keineswegs nur den Jagdgelüsten Görings, sondern auch Regierungsempfängen. In- und ausländische Größen der damaligen Zeit gaben sich auf Karinhall ein Stelldichein. Zum Bau einer Eisenbahnlinie von Friedrichswalde (an der Strecke Eberswalde-Templin) nach Karinhall kam es nicht mehr, das Haus wurde 1945 von der SS gesprengt. Göring soll in Karinhall überaus wertvolle Kunststücke aus den besetzten Gebieten angesammelt haben, selbst das Bernsteinzimmer hatte man lange Zeit dort vermutet. Doch mit einem Sonderzug entschwand all jenes; in Bayern soll dieser Plünderungen amerikanischer Soldaten zum Opfer gefallen sein. Ende der fünfziger Jahre hat die DDR-Armee noch Reste nachgesprengt, so daß nur noch die Tortürme des Eingangs und der unterirdische Bunker übrig blieben. Das hielt fanatische Souvenirjäger nicht ab, in der Nähe des Großdöllner Sees, auf halbem Wege zwischen Groß Schönebeck und Gollin, nach Resten der dunklen Vergangenheit Deutschlands zu suchen und sieben Eingänge zum Bunker freizulegen.

1945 kam das Jagdschloß Hubertusstock in Besitz des Landes Brandenburg, in den fünfziger Jahren erhielt es die Armee als Erholungs- und Gästeheim, ehe es nach einer umfangreichen und leider entstellenden Renovierung 1972 zum Gästehaus der DDR-Regierung avancierte. Stallungen, eine Scheune und die alte Försterei, alles im Fachwerkstil, wurden abgerissen. Heute steht es leer und ist wie zu DDR-Zeiten verriegelt. Zwar gab es mehrere Versuche, das geheimnisumwitterte Gelände als Touristenattraktion zu nutzen, doch diese Idee schlug bisher fehl. Wer dennoch durch den Zaun einen Blick werfen will, muß über Eichhorst die B 198 entlang fahren, bis auf der rechten Seite ein Zeltplatz auftaucht. Von dort sind es nur noch einige hundert Meter, dann weist links ein kleiner unscheinbarer Kilometerstein den Weg.

Die Straße nach Joachimsthal war einst für Kraftwagen gesperrt. So ist es jedenfalls im Baedeker-Reisehandbuch von 1928 nachzulesen. Der Weg führte an der Altenhofer Fährstelle an der Westseite des Werbellinsees und an einem »im Kieferndickicht des am Ufer versteckten Blockhauses des Reichspräsidenten« vorüber (auf dem Gelände des Kinderheims »Anne Frank«). Nach dem Ersten Weltkrieg hatte die preußische Regierung beschlossen, für den Präsidenten der Weimarer Republik ein Jagdhaus zu errichten. Nach Friedrich Ebert frönte Hindenburg dort seiner Jagdleidenschaft. Das Bauwerk ist überraschenderweise in seinem Urzustand erhalten geblieben.

Joachimsthal, zwischen Werbellin- und Grimnitzsee gelegen, verdankt seine Gründung und seinen Namen dem Kurfürsten Joachim Friedrich. Einst lag hier die Wiege der märkischen Glasindustrie. Leonard Thurneysser, Leibarzt des Kurfürsten Johann Georg von Brandenburg, experimentierte schon zwischen 1571 und 1584 in Sachen Glasherstellung, wenn er auf Schloß Grimnitz weilte. Es heißt, er durchforschte die Umgebung mit den Augen eines begabten Chemikers. Gute Sande, Wiesenkalk, leicht aus Buchenholzasche zu gewinnende Potasche sowie reichlich vorhandenes Holz für die Schmelzöfen leisteten der Entstehung von Glashütten Vorschub. Kurfürst Joachim Friedrich ließ im Jahre 1601 in Grimnitz die erste brandenburgische Glashütte errichten und dazu aus dem böhmischen Kreibitz acht Glasmacher und einen Maler anwerben. Wegen des hohen Holzverbrauches konnten sich kleinere Glashütten nicht lange halten, und 1782 brachte die Umstellung der Energieerzeugung von Holz auf Steinkohle das Ende des Glasmacherhandwerks in Grimnitz und Umgebung. Erstarrte Glastropfen soll man, wenn man Glück hat, noch ab und zu im märkischen Sand finden.

Wann genau das Schloß Grimnitz entstanden ist, läßt sich nicht sagen. Vermutungen geben die Askanier als Bauherren an. Im 16. Jahrhundert jedenfalls soll es gründlich renoviert worden sein. Doch 1748 war nicht mehr viel von ihm übriggeblieben, ein Stein nach dem anderen bröckelte ab. Heutzutage sind nur noch aus dem Mittelalter Teile der Ringmauer sowie Kellergewölbe zu sehen, wenn man die Grimnitzer Straße bis zu deren Ende fährt.

Joachimsthal soll aus einigen Wohnhäusern, die zur Grimnitzer Glashütte gehörten, hervorgegangen sein und erhielt 1604 Stadtrecht. Jeder Zugzugswillige bekam zu seinem Unterhalt fünf Morgen Ackerland, unter anderem zum Anbau von Braugerste, und drei Morgen Wiese. Dazu einen Kohl- und Hopfengarten, wobei das Vorkaufsrecht an Hopfen dem kurfürstlichen Brauhaus in Grimnitz vorbehalten war. Kurfürst Joachim Friedrich gründete in Joachimsthal im Jahre 1607 nach dem Vorbild sächsischer Fürstenschulen eine Gelehrtenschule mit Sitz im kurfürstlichen Schloß. Einheimische Bürger- und Adelssöhne sollten auf das Studium als Pfarrer und Juristen an der brandenburgischen Landesuniversität zu Frankfurt/Oder vorbereitet werden, die 1506 von Joachim I. gestiftet worden war. Joachim Friedrich dotierte seine Schule mit den Gütern des aufgelösten Klosters Seehausen sowie den Einkünften aus dem Besitz des Klosters Gramzow. Infolge des Dreißigjährigen Krieges ist die Schule nach Berlin verlegt worden, bis das Joachimsthaler Gymnasium 1912 seinen Sitz in Templin nahm. Die Schulanlage wurde 1814 bei einem Stadtbrand völlig zerstört.

Die Kreuzkirche von 1740 hatte das gleiche Schicksal ereilt, nur wurde diese ab 1817 wiederaufgebaut. Schinkel soll hier seinen Einfluß geltend gemacht haben. Bei der Renovierung, die sich ab 1969 über 20 Jahre hinzog, ist die Inneneinrichtung bis auf die Orgel bedauerlicherweise völlig neu gestaltet worden.

1848 fand in Joachimsthal das erste Königsschießen statt und eine Schützengilde entstand, in der jedoch nicht jeder Mitglied werden konnte. Als Vereinszweck ist im alten Reglement nachzulesen: »erstens, als Söhne eines Kriegsstaates: die Übung in Waffen; zweitens, als Bürger einer Stadt: das engere Zusammenkommen, Kennenlernen der verschiedenen Bürger, der Austausch der Ideen und somit Hinwirkung auf ein mehr angeregtes, lebhafteres städtisches Leben; drittens«, endlich das Vergnügen«. Im Saal des Stadt-Cafés ist noch eine Holzschützenscheibe aus den Jahren 1891/92 zu bewundern, auf der der sinnige Spruch: »Stärk' Herz und Hand' für's Vaterland« zu lesen ist. Zudem hängen dort Geweihe, Jagdtrophähen des Kaisers, Görings und Honeckers, und freie Plätzchen gibt es auch noch...

1892 wurde Joachimsthal an das Bahnnetz angeschlossen, vier Jahre später der Bahnhof eingeweiht. Das zog schnell einen Strom Sommerfrischler in die Stadt, wovon Joachimsthal auch künftig wieder zu profitieren hofft.

Über Friedrichswalde schließlich erreicht man **Templin**, die Perle der Uckermark. Von der alten wendischen Sied-

lung zeugt die günstige, vor Feinden schützende Stadtanlage. Der Name Templin ist urkundlich erstmals 1270
erwähnt worden. Bekannt sind aus dem Jahre 1320 viele
Rechte und Privilegien, insbesondere das der Aufsicht über
die Juden, die sonst dem Schutz des Markgrafen direkt
unterstanden. Juden besaßen Stadtrecht und galten als Bürger, mußten aber ein Vermögen von 10 Mark Silber nach-
weisen. Die Stadt erhielt davon die sonst dem Markgrafen
zustehende Steuer. Wirtschaftlich wurden die Juden schnell
unentbehrlich, denn sie allein durften Geld auf Zinsen aus-
leihen, was die Kirche den Christen verbot.

Juden sind von Beginn des 13. Jahrhunderts an in der
Uckermark ansässig. Bis Mitte des 14. Jahrhunderts lebten
Juden und Christen in der Uckermark relativ problemlos

Romantik am Werbellinsee

zusammen, denn dort gab es kaum antijüdische Aktionen, obwohl diese in anderen Teilen Deutschlands durchaus üblich waren. Es ist unbekannt, ob von der Vertreibung der Juden »auf ewige Zeiten« im Jahre 1375 durch Kurfürst Joachim Georg auch die uckermärkischen Juden betroffen waren. Ausweisung und Ansiedlung wiederholten sich jedenfalls in den weiteren Jahren. Nach 1446 wurde die Kennzeichnung von Juden in der Uckermark eingeführt, die in Süd- und Westdeutschland schon lange üblich war. Danach mußten die Männer einen handbreiten und finger-dicken gelben Kreis auf der Kleidung tragen, die Frauen einen blaugestreiften Schleier.

Am 17. Oktober 1720 erhielt die Judenschaft der Ucker-mark auf Empfehlung der Berliner Judenältesten eigene Statuten. Zu dieser Zeit lebten in der Uckermark 86 jüdische Familien, im Jahre 1800 99 Familien, vorwiegend in Prenz-lau. Am 25. Juni 1812 wurden die Juden in der Mark Bran-denburg zu Inländern erklärt und erhielten Bürgerbriefe, was jedoch keine vollständige Emanzipation darstellte. 1850 erhielt Templin eine eigene Synagoge, ebenso wie Angermünde, Gartz und Greiffenberg.

Nach dem Tode des Markgrafen Waldemar ging Temp-lin in pommerschen Besitz über. Der Stadt wurden von den Pommern alle »Gerechtigkeiten« zugesichert, die sie von den Brandenburgern erhalten hatte, zuzüglich einer wich-tigen Befugnis, nämlich der, das oberste Stadtgericht abzu-halten. Nach 1320 nahm Mecklenburg Besitz von der Stadt, bestätigte frühere Zugeständnisse und fügte weitere hinzu, ehe Templin schließlich wieder brandenburgisch wurde. Das brachte das Recht des Freiholzes in markgräflichen Wal-dungen und der Zollfreiheit gegenüber Lychen und Vietmansdorf ein. Zudem verpflichtete sich der Markgraf, die über die Stadt führenden Straßen nicht zu verlegen. Auch besaß Templin das Recht auf Geldwechsel sowie das Münzrecht. Zur damaligen Zeit nämlich hatten Münzen nur ein Jahr Gültigkeit. Die neuen kamen acht Tage vor dem Fest des heiligen Jakobus in Verkehr (am 18. Juli), die Vorjahresmünzen wurden ausgetauscht: Für 20 alte sind etwa 15 neue ausgegeben worden, ein einträgliches Geschäft für die Stadt also.

1622 erhielt Templin die Konzession, Vieh- und Pferdemärkte abzuhalten, ein Privileg, das am 22. Juni 1715 von König Friedrich Wilhelm I. in ein Generalprivileg umgewandelt wurde. Mehrere Brände, Hochwasserkatastrophen, die Pest und Kriege verwüsteten die Stadt, vernichteten das Ratssiegel und forderten unzählige Tote. Im Dreißigjährigen Krieg, genauer, am 25. Mai 1627, erhielt der Rat der Stadt Templin gar ein Schreiben des dänischen Oberst Nell mit der Forderung, wöchentlich 100 Taler Kontribution zu zahlen. Die Dänen versprachen den Stadtvätern dafür den Schutz Templins vor Raub, Überfall und Plünderung. Die Stadt weigerte sich, und die Dänen besetzten und plünderten Templin, wie zuvor Zehdenick und Boitzenburg. Dann zogen die Schweden ein, im Jahre 1632. Auch sie forderten ...

Die Folgen des Dreißigjährigen Krieges waren viel furchtbarer, als man in Zahlen auszudrücken vermag. Dann kam der 24. August 1735. Templin brannte innerhalb von vier Stunden ab. König Friedrich Wilhelm I. konnte dem Elend nicht tatenlos zusehen, spendete 10.000 Taler für den Wiederaufbau und half mit Korn zur Verpflegung aus. Die Stadt erhielt zudem die Erlaubnis, den königlichen Forst für

Bauholz in Anspruch zu nehmen. Des Königs Interesse an Templin ging noch weiter; er erließ das Gebot, daß jeder Handwerker und Gewerbetreibende in der Stadt zu bleiben habe. Eine solche Fürsorge ließen alle späteren Obrigkeiten der Stadt nicht angedeihen. Sie kamen auch nicht persönlich wie der König, der im Mai 1737 nach Templin gereist war, um nach dem Rechten zu sehen. 1741 war der größte Teil der Stadt wiedererstanden.

Mit der Kreisaufteilung 1816 wird Templin Kreisstadt, am 14. Februar 1817 der erste Landrat ernannt. Mitte des 19. Jahrhunderts entstehen neue Fernstraßen, die an Templin vorbeiführen, die Entwicklung der Stadt stagniert und der Eisenbahnanschluß an die Strecke Zehdenick-Löwenberg 1888 kommt zu spät. Viel Industrie hat es in Templin nie gegeben. Früher soll ein Bier in der Stadt gebraut worden sein, das allerdings »nicht von der besten Beschaffenheit« war. Dennoch wurde das »Potsfelten«, so der Name, in immerhin 114 Häusern mit Braugerechtigkeit hergestellt. In Berlin gab es damals nur 65 Brauhäuser. Der Holzhandel und die Schiffahrt im Kreis Templin blühten, Schiffersleute bildeten vor der Jahrhundertwende die zweitgrößte Bevölkerungsgruppe. Durch englische und amerikanische Bombenangriffe am 6. März 1944 wurde Templin innerhalb der Stadtmauer zu 60 Prozent zerstört.

Templin kann sich vor allen anderen uckermärkischen Städten rühmen, die am besten und vollständigsten erhaltene Stadtmauer zu besitzen. Deren Baubeginn ist nicht genau feststellbar, es mag wohl in der Mitte des 13. Jahrhunderts gewesen sein. Die Templiner waren beim Mauerbau sehr gewitzt. Die Mauer wurde nur mit Kies verfugt, was den Angreifern zwar zur Hilfe kam, um die Mauer zu untergraben. Aber damit rechneten die Templiner Mannen ja auch. Sobald die Angreifer voller Freude ins Stadtinnere einzudringen gedachten, wurden sie kurzerhand erschlagen! Die Stadtbefestigung entstand mit insgesamt 51 Wiekhäusern, zur Stadtseite hin offen, Mauertürmen sowie einem Vortor.

Biosphärenreservat Schorfheide-Chorin

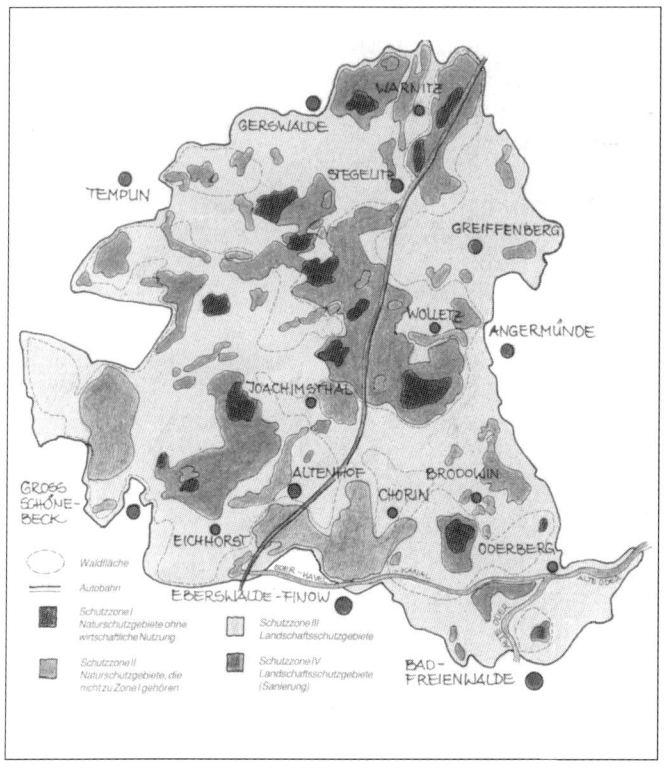

Dieses im 15. Jahrhundert entstandene und blendengeschmückte Vortor gehört zum Prenzlauer Tor (früher Peterisches Tor), im 13. Jahrhundert erbaut und schon im 14. modernisiert. Eine Seltenheit des Prenzlauer Torturms ist selbst für Laien schnell ausgemacht. Das Vortor hat zwei nebeneinanderliegende Torbögen, und das kam so: Als der »falsche Waldemar«, der durch die Landen gezogen und ja doch vom Kaiser anerkannt gewesen war, von diesem mit einer Abfindung von 10.000 Silbermark abgefertigt ward, mußten all jene, die den »falschen Waldemar« gehuldigt hatten, die Tore, durch die er gefahren war, zumauern. Die Templiner lösten das Problem, indem sie neben dem eigentlichen Tor ein zweites in die Mauer gebrochen haben, den »Waldemarsgang«. Neben dem Prenzlauer Torturm, der seit 1953 das Museum beherbergt, existiert noch der Mühlen- oder auch Lychener Torturm. Dieser weist Palmettenfriese aus Formsteinen zwischen einzelnen Geschossen auf und erinnert damit sehr an Chorin.

Der Berliner Torturm, Residenz des Landeskulturkabinetts, besitzt eine reiche Blendengliederung an seiner Stadtseite und tiefe Fallgitter-Nischen an der Feldseite. Die Mauer zwischen den Toren und Türmen war 1935 Meter lang und sieben Meter hoch. Auf der Innenseite befand sich ein hölzener Wehrgang, von dem aus die Angreifer mit siedendem Öl und brennendem Pech begossen wurden. Als das Holzwerk 1735 verbrannte, ward es nicht erneuert, sondern eine Wasserpforte wurde angelegt. 1820 sind zwei weitere Breschen in die Stadtmauer geschlagen worden: das Nottor nach Norden und das Töpfertor nach Westen.

Bis Ende des 19. Jahrhunderts existierte Templin noch immer innerhalb seiner Stadtmauern. Die Straßen waren so angelegt, daß es keine direkte Verbindung von Tor zu Tor gab, sondern sich alles auf den Markt bezog. Sogar das Rathaus hatte sich dieser Wichtigkeit zu fügen und wurde deshalb von seinen Erbauern an die Seite gerückt. Die stattfindenden Jahrmärkte boten genügend Kaufgelegenheit für das Handwerk und die Landwirtschaft. An das Rathaus, in dessen Keller sich eine Trinkstube befunden haben soll, waren Verkaufsstände der Fleischerinnung gebaut, Hackebuden oder auch Hökerbuden genannt. Daraus zog die Stadt gute Einnahmen, und der Fleischverbrauch war zwölfmal so hoch wie heute. Erst nach dem Dreißigjährigen Krieg gewöhnte man sich das Fleischessen wieder ab. Wagenbau und Schmiedekunst waren in Templin ausreichend ansässig, was sich offensichtlich mit einem starken Durchgangsverkehr erklären läßt. Naja, und von diesem profitierten die Schankwirte und Krämer.

Seit der »Wende« wird rund um das Rathaus wieder Markt abgehalten.

Das Rathaus wurde 1746 als dreigeschossiger Putzbau mit Zeltdach und Türmchen in klassizistischen Formen errichtet, denn das alte war 1735 bei einem Brand vernichtet worden. 1944 wurden dann zwei Achsen zerstört, sie sind seit 1965 wieder angefügt. In Richtung des Lychener Torturms gehend, gelangt man zur Kirche St. Maria Magdalenen. Sie wurde an die Ecke gerückt, steht diagonal hinter hohen Kastanien versteckt. Sie erhebt sich auf den Fundamenten ihrer mittelalterlichen Vorgängerin, von der noch der Unterbau des Westturmes erhalten ist. 1749, nach einem der vielen Brände, die die Stadt heimsuchten, war das Gotteshaus als dreischiffige Hallenkirche mit barockem Turmaufsatz in seiner jetzigen Gestalt wiedererstanden.

Eine Orgel ist 1921 neu eingebaut worden und von den Glocken aus dem Jahre 1574 mußten für den Ersten und Zweiten Weltkrieg zwei eingeschmolzen werden.

Die St.-Georgen-Kapelle neben dem St. Georgs-Hospital befindet sich in der Nähe des Berliner Torturmes, in der Berliner Straße. Das einschiffige turmlose Bauwerk, ein Backsteinbau aus dem 14. Jahrhundert, hat alle Brände und Kriege überdauert. Hospital und Kapelle gehören zu den ältesten Bauwerken der Stadt. Im Innern der Kapelle ist ein um 1300 hergestellter kleiner Flügelaltar zu bewundern. Blendnischen und dreiteilige Fenster schmücken den Westgiebel.

Hübsche Fachwerktraufenhäuser sind in manchen Straßen zu bewundern, ein Spaziergang lohnt sich durch die Berliner und die Schinkelstraße ebenso wie durch die

Templin, Martin-Luther-Straße

Templiner Straßenblick

Martin-Luther-Straße, zumal viele Templiner an der Restaurierung ihrer Häuser arbeiten. Weit draußen in Richtung Prenzlau ragen zwei- und dreigeschossige gelbe Putzbauten aus den Bäumen einer Parkanlage hervor. Es ist das ehemalige Joachimsthaler Gymnasium, das 1912 nach Templin übergesiedelt war. Nach dem großen Brand von 1735 wurde es neu aufgebaut und beherbergt heute die Fachschule für Sozialpädagogik und Altenpflege sowie eine Berufsschule für soziale Berufe.

Doch mehr als städtische Gemäuer locken den Reisenden herrliche Wiesen und wunderbare Wälder, die den schlangenförmigen Lauf der Templiner Gewässer begleiten. Wassersportler haben unter zahlreichen Seen die Qual der Wahl, sieben Seen bilden das Templiner Seenkreuz. Wer die Umgebung mit dem Fahrrad zu erkunden versucht ist, den könnte ein neues Service-Angebot des Templiner Hauptbahnhofes locken. »Fahrrad am Bahnhof« nennt sich dieses, und wer mit dem Zug ankommt, erhält Vorzugs-konditionen. Und da man nicht genötigt ist, das Fahrrad am Templiner Bahnhof wieder abzugeben, sondern auch in Lychen oder Prenzlau am Bahnhof, kann völlig zwanglos eine Reiseroute festgelegt werden.

Am Bahnhof vorbei führt der Weg nach **Zehdenick**, durch den Ort Hindenburg. Er heißt schon seit dem frühen Mittelalter so, ist also nicht etwa erst jüngst nach dem Gene-ralfeldmarschall und Reichspräsidenten gleichen Namens umbenannt worden. Die uckermärkische Stadt Zehdenick muß bereits im 12. Jahrhundert in Anfängen bestanden haben. Jedenfalls soll sie schon 1211 über eine ausgebaute Kirche verfügt haben, obwohl sie erstmals als Stadt 1281 erwähnt wurde. Auch wurde in Zehdenick 1250 ein Zister-zienser-Nonnenkloster gegründet, das bis zur Reformation bestand, 1541 zählte das Kloster noch 50 Nonnen. Aus dem Kloster wurde ein adliges Fräuleinstift bis 1945.

Den Bau des Klosters sollen der Bischof zu Brandenburg und weltliche Feudalherren veranlaßt haben. Begründet liegt diese Annahme in einer mysteriösen Geschichte, die man in Zehdenick erzählt: »Im Jahre 1249 hat ein Weib zu Zehdenick eine geweihte Oblate in Wachs gedruckt vnd vor ihre Bierfasse begraben, damit die Leute ihre bier desto lie-ber trinken. Da sie aber hernach einen Prediger gehört, ist sie zu erkendnis kommen, hat sich in ihrem Herzen vnd Gewissen nicht können zufrieden geben vnd hat solches dem Pfarrherrn zu Zehdenick geoffenbaret. Darauff hat man im Keller angefangen zu graben vnd ist an dreyen oder mehr orten Blut herausgequollen.« Man hat das »Wunderblut« in die Kirche getragen, denn die Zehdenicker erhofften sich von der vermeintlich wundertätigen Kraft Erlösung von allen Gebrechen und Sünden. Über 100 Jahre soll der Pilgerstrom nicht abgerissen sein.

Um den Ort Zehdenick hat es harte Kämpfe zwischen Mecklenburg und Brandenburg gegeben, seit Beginn des 15. Jahrhunderts ist er ständig in brandenburgischem Besitz. 1541 besitzt Hofmarschall Adam von Trott zu Badingen und Himmelpfort das Amt Zehdenick pfandweise, zehn Jahre später auf Lebenszeit. Im Mittelalter wurde die Stadt zu einem bedeutsamen Industrieort entwickelt. 1438 entstand ein Eisenhammer, der den um Zehdenick reich vorhandenen Raseneisenstein verarbeitete. 1580 kam ein Blechhammer dazu. Auch die Brauindustrie entwickelte sich in der Stadt. Zwar zählte sie 1577 nur 149 Bürger, doch in 82 Häusern des Ortes gab es Brauereien. Noch 1711 existierten eigene Ausschankstätten der Zehdenicker Klosteranlage in Berlin. 1665 entstand der erste Hochofen, 1718 fertigte ein Eisenhüttenwerk Kugeln, Granaten und Glocken an.

Im 16. Jahrhundert wurde ein prächtiges Renaissanceschloß erbaut und bereits 1631 durch ein Feuer zerstört. Schließlich war Krieg, und die Schweden hatten die Absicht, Berlin anzugreifen. So richteten diese 1641 die Stadt als einen ihrer festen Ausgangspunkte ein. 1648, so ist überliefert, haben sich die kurfürstlichen Untertanen im Amte Zehdenick derart über die Kontributionen ihres Vermögen beschwert, daß schon über 100 weggelaufen seien. Der schwärzeste Tag für Zehdenick war wohl der 27. Mai 1801, als ein Feuer die Stadt in weniger als sieben Stunden in einen Aschehaufen verwandelte.

In der Stadt an der Havel war die Schiffahrt von jeher der Hauptgewerbezweig. 1881/82 entstanden durch den Bau eines Kanals zwischen Zehdenick und Liebenwalde Vorteile für die Ziegelindustrie. Der Abtransport der Zehdenicker Mauersteine wurde in den Anfangsjahren bis ins Zeitalter der Motorisierung hinein ausschließlich über Schiffe vollzogen. So entwickelte sich Zehdenick im 18. Jahrhundert zum größten Umschlagplatz für Baustoffe in der Mark Brandenburg. 1887 stieß man beim Bau der Eisenbahnbrücke auf ein Tonlager, in einer Strecke bis über 10 Kilometer oberhalb und etwa ein Kilometer unterhalb Zehdenicks, das bis zu 12 Meter stark war. In schneller Folge entstanden bis 1900 32 große Ringöfen, 1910 gab es über 6.000 Ziegelarbeiter in der Stadt. Rund um die Stadt existieren an die 60 Tonstiche.

Das heutige Stadtbild präsentiert im Unterschied zu anderen uckermärkischen Orten nichts mehr aus dem Mittelalter. Auch konnte man auf den kostspieligen Bau einer Stadtbefestigung verzichten, die inselartige Lage ermöglichte dies. Zudem erwähnen Akten über die Verhütung von Zollvergehen, besonders aus dem 18. Jahrhundert, daß Zehdenick eine »offene« Stadt sei. Dafür soll es Stadttürme gegeben haben. In den Überlieferungen ist von dreien die Rede, genannt werden das Berliner und das Templiner Tor. Als Havelstadt, an der Verbindung zwischen Berlin und Stettin gelegen, ward die Unterhaltung der Brücken und Dämme schon eine drückende Last. So wurden die Zehdenicker 1590 einfach verpflichtet, die Brücken und Dämme zu reparieren. Dafür durften sie ihr Vieh in den landesherrlichen Wald treiben. Dieses Recht verloren sie jedoch um 1700, weshalb sie sich fortan weigerten, die Brücken in Ordnung zu halten. Durch die Einführung des Brücken- und Dammzolls im Jahre 1738 erledigte sich das Problem, denn von nun an wurde auch die Unterhaltung der Brücken geregelt. Im 18. Jahrhundert wurde auch eine Zugbrücke gebaut, »Hast« genannt und einst eine technische Rarität, leider in den siebziger Jahren abgerissen. Deshalb muß man nämlich einen komplizierten Umweg fahren, will man von Templin aus in die Stadt gelangen. Derzeit wird aber eine neue Brücke gebaut.

Auf dem Weg zum Markt mit dem 1805 erbauten Rathaus passiert man die Reste des Nonnenklosters. Von der Feldsteinkirche aus dem 13. Jahrhundert sind noch Teile der Nordmauer und des Chores erhalten, von der Klausur die Ruine des zweigeschossigen Ostflügels aus Feldsteinen mit beiden Giebeln in vollständiger Höhe. Aus dem 14./15. Jahrhundert stammt der Nordflügel mit Kreuzgang und Resten des Westflügels. Im Nordosten existieren noch Reste des Brauhauses, im Südosten die als Speicher genutzte Schule. Das aus dem Klosterbesitz stammende Hungertuch, immerhin aus dem 13. Jahrhundert, ist heute im Märkischen Museum in Ost-Berlin zu finden.

Seite 146: Schloß in Criewen

Entdeckungen am unteren Odertal

Teuflisches aus Schwedt, dem Tor zum Osten

Anreise mit dem Auto ab Berlin über Bernau, Eberswalde, Angermünde über die B2, (etwa 90 Kilometer) oder mit der Bahn

Auf einer hochwasserfreien Erhöhung stand an einem alten eiszeitlichen Oderlauf eine Burg, und vorgeschichtliche Funde beweisen eine Ansiedlung um diesen Flecken, ohne jedoch schlüssig offenbaren zu können, ob in germanischer oder wendischer Zeit. Der Name scheint von dem slawischen Wort »swiaty« (heilig) abgeleitet zu sein, gemeint ist die heutige Stadt **Schwedt**. Sie lag im Kreuzungspunkt zweier Handelsstraßen: Die eine verband Sachsen mit der Ostsee, und die andere überquerte von der Uckermark kommend in Richtung Neumark die Oder. So erwies sich der Ort eigentlich vom Mittelalter an bis in die Neuzeit als strategischer Punkt ersten Ranges.

Doch das gereichte der Stadt mehr zum Schaden denn Nutzen; sie mußte eine Vielzahl kriegerischer Verwicklungen erleben.

Nähert man sich auf der B 2 der Stadt, erheben sich am Horizont Wohnsilos, die Städte in der Ex-DDR immer gleich langweilig und eintönig aussehen lassen. Den Schritt vom »Provinznest zum sozialistischen Industriezentrum« machte Schwedt ab 1959. Der V. Parteitag der SED hatte ein »Chemie-Programm« beschlossen und damit den Bau eines modernen Erdöl-Verarbeitungswerkes sowie einer Papierfabrik in Schwedt programmiert. 1959 kamen die ersten Vermesser in die Stadt, 1964 nahm das Erdöl-Verarbeitungswerk die Produktion auf, das seit 1971 Petrolchemisches Kombinat (PCK) Schwedt genannt wurde. 1981, so weist eine alte DDR-Bilanz aus, kam aus Schwedt immerhin ein Prozent der DDR-Industrieproduktion. Bewohnten 1950 noch 6.500 Einwohner das Städtchen, waren es Ende der achtziger Jahre schon 52.569.

Heute erinnert kaum noch etwas an das einst malerisch in der uckermärkischen Landschaft gelegene Städtchen, das 1138 erstmals »civitas« (Stadt) genannt wird. Askanische Herrscher sollen sich in der Schwedter Burg aufgehalten haben, und Konrad IV. verlieh Schwedt die typischen Züge einer Residenzstadt, die Markt- und Zollrecht besaß. Letzteres erwies sich als reiche Einnahmequelle, denn Schwedt erhob an der Heerstraße nach Stettin Land- und Waffenzoll. 1323 fiel die Stadt an Pommern und erlebte seither Epochen stets wechselnder Herrschaft.

Im Dreißigjährigen Krieg belagerten Wallenstein und seine Mannen den Ort. Mit 1.200 Reitern und 300 Fußknechten war dieser auf dem Weg nach Stralsund und verlangte von Schwedt in den Jahren 1628/29 20.000 Taler Kontributionen. Nur zwei Jahre später bezog der schwedische König Gustav Adolf in Schwedt ein befestigtes Lager. Beim Eintreiben der Kriegssteuer erwiesen sich die Schweden gewitzter. Bürgermeister Kretschmer wurde kurzerhand eingesperrt und die Bürger Schwedts somit gezwungen, ihn gegen die geforderten Zahlungen auszulösen. Dennoch verwüsteten die Schweden 1637 die Stadt arg, was sie nicht abhielt, bis 1650 noch Kriegssteuern in der Uckermark zu beziehen.

Verwüstet und mit 3.000 Talern verschuldet, lebten 1639 nur noch vier Bürger in Schwedt. Erneute Ansiedlungen sind erst aus dem Jahre 1640 bekannt; 1643 waren es wohl 26 Bürger. Die Kurfürstin Elisabeth Charlotte erbarmte sich der Stadt und ließ sie wieder aufbauen; anstelle des verbrannten Schlosses entstand ein neues Amtshaus. Drückende Geldverlegenheit zwang den Kurfürsten 1664, Schwedt an den Grafen Gustav Adolf von Varrensbach auf sechs Jahre zu verpfänden. Dieser nutzte die Gelegenheit redlich, um sich durch die Stadt und ihre Bürger zu bereichern, was ihm der Bürgermeister mehr als übel nahm. So kam es, daß Schwedts Bürgermeister verhaftet und eingekerkert wurde, weil er sich gegen die aussaugerischen Methoden des Grafen zur Wehr setzte. Glücklicherweise löste Dorothea, die zweite Gemahlin des Kurfürsten, 1670 die Stadt aus. Ihr ältester Sohn, Markgraf Philipp Wilhelm, und dessen männliche Nachkommen sollten Schwedt erben. Dorothea war es auch, die die persönliche Dienstbarkeit der Bürger aufhob und am 16. Januar 1671 in eine Geldabgabe umwandelte. Die Stadt ließ sie nach einem neuen Plan mit geraden, baumbestandenen Straßen angelegen. Von 1670 bis 1688 wurde das Amtshaus zu einem prächtigen Schloß von dem holländischen Baumeister Cornelius Ryckwaert umgebaut. Dorothea starb ein Jahr nach seiner Fertigstellung.

Bereits im 13. Jahrhundert soll es auf der Oder einen lebhaften Verkehr gegeben haben. Für Schwedt jedoch spielte die Frachtschiffahrt keine Rolle. Wichtig, weil gewinnbringend, war eher der Wasserzoll. Erst Philipp Wilhelm führte mehrere Schiffe und Gondeln ein; 1838 legte in Schwedt erstmals der aus Stettin kommende Raddampfer »Victoria« an. Und die 1846 von der Preußischen Seehandlung als Staatsbetrieb eröffnete Dampferlinie von Stettin nach Frankfurt/Oder machte in Schwedt Halt. Von dieser Linie hat einst auch Theodor Fontane bei seinen Wanderungen durch die Mark Brandenburg Gebrauch gemacht: »Der Fluß, bis dahin im wesentlichen in einem Bette fließend, fängt an, ein Netz von Kanälen durch die Landschaft zu ziehen; hierhin, dorthin windet sich der Dampfer, aber eh es uns noch gelungen ist, uns in dem malerischen Wirrsal zurechtzufinden, tauchen plötzlich weiße Giebelwände, von Türmen und hohen Linden überragt, aus dem Landschaftsbilde auf ... Eine alte Holzbrücke, mit Hunderten von Menschen besetzt, sperrt uns den Weg; ein Fangseil fliegt über unsere Köpfe weg, dem Brückengeländer zu; der Dampfer legt an. Ein Drängen, ein Grüßen, dazwischen das Läuten der Glocke. Vom linken Ufer her aber wirft ein weitläufiger Bau, in Bäumen und Laubgängen halb versteckt, sein Spiegelbild in den Fluß. Es ist das alte Markgrafenschloß. Wir sind in Schwedt.«

Das heutige Spiegelbild im Fluß hätte dem einstigen Schloß wohl kaum geähnelt. Im Zweiten Weltkrieg war dieses arg beschädigt worden, doch obwohl der Bauzustand der

Ruine besser als der des Residenzschlosses in Dresden gewesen sein soll, wurde es im Oktober 1962 gesprengt. Die Entscheidung darüber habe der einstige SED-Chef Walter Ulbricht gefällt. »Die Frage besteht doch darin, daß wir in unserer sozialistischen Deutschen Demokratischen Republik außer an unseren Grenzübergängen keine Schlösser brauchen – ja? Und wenn wir schon Mauern benötigen, Genossen, dann keinesfalls Schloßmauern!« – Das soll er beim Anblick der Schloßruine gesagt haben! 1978 entstand da, wo sich einst das herrschaftlich Bauwerk erhob, ein Kulturhaus sozialistischer Prägung, das das Stadtbild jedoch keinesfalls verschönert.

Aber, die Wandlung vom Kurfürsten-Schloß zum sozialistischen Kulturpalast kann man ja auch als Beleg für die Widersprüchlichkeit mancher Entwicklungsprozesse annehmen, in denen sich Großes vollzieht, und Beschränktheit nicht gänzlich auszuschließen ist. Die Uckermärkischen Bühnen jedenfalls haben im Kulturhaus eine längst vergessene Theaterzeit belebt: Bereits Markgraf Friedrich Heinrich, Sohn von Philipp Wilhelm, hatte 1773/74 einen Teil der südlich des Schlosses angelegten Orangerie zum Theater umbauen lassen. »Der Zutritt« soll »jedem anständig Gekleideten aus der Markgrafenschaft sowie den sich in Schwedt aufhaltenden Fremden ... gestattet« gewesen sein. 1788 wurde das Theater nach dem Tod Friedrich Heinrichs geschlossen und das Gebäude später als Tabakspeicher verkauft. Zu hoffen bleibt, daß es den Uckermärkischen Bühnen nicht ebenso ergeht. Bekannt durch manch avantgardistische Aufführung in Vor-Wende-Zeiten, erleben sie gegenwärtig ein Wechselbad der Gefühle – zwischen Existenzängsten und Überlebenskämpfen.

Im ehemaligen Schloßgarten sind Kopien von Garten-plastiken aus der markgräflichen Vergangenheit zu bewundern. Sie wurden 1974 bis 1978 angefertigt.

Die 90 Meter breite Straße vor dem Kulturhaus ist in Anlehnung an die alte Schloßfreiheit beibehalten worden und vierreihig mit Kastanien bepflanzt. Sie endete im Lust-schloß Monplaisir und dessen Park, den Philipp Wilhelm von 1699 bis 1706 anlegen ließ. 1873 erfolgte der Anschluß Schwedts an das Eisenbahnnetz, die herrliche Allee zwischen Schloß und Monplaisir wurde dabei mit einem Bahndamm durchschnitten. Dem Sohn von Philipp, Friedrich Wilhelm, offenbar ein Hobbygärtner, hat Schwedt die schönen Kastanienalleen zu verdanken. In seiner Ehe mit Sophie Dorothea, der Schwester Friedrichs des Großen, hatte er eine weniger glückliche Hand, so daß die Markgräfin Monplaisir als ständigen Wohnsitz wählte. Nach ihrem Ableben verfiel das Schlößchen, 1778 entstand dort ein neues, massives Haus, bestehend aus einem kleinem Saal und vier Seitenkammern. 1977 wurde diese historische Stätte restauriert und zu einer Gaststätte umgewandelt. Auf dem Weg zum ehemaligen Lustschlößchen trifft man auf ein Haus, das früher eine Zollwache beherbergte. Hier lebt und arbeitet das Künstlerehepaar Cornelia und Axel Schulz. Axel Schulz gehörte zu den ersten bildenden Künstlern, die in den sechziger Jahren nach Schwedt kamen. Von ihm stammt so manche Plastik in der Stadt, zum Beispiel das »Liebespaar«.

Vom Kulturhaus gesehen rechts fällt ein Gebäude ob seines ovalen Grundrisses ins Auge, dessen große Achse parallel zur Allee steht. Der Bruder von Friedrich Heinrich, kurzzeitig in Besitz der Stadt Schwedt und durchaus kein Freund des Soldatenstandes, soll 1741 in der Schlacht bei Mollwitz gelobt haben, eine Kirche bauen zu lassen, wenn er am Leben bliebe. So entstand eine Kirche für die französisch-reformierten Bewohner Schwedts, erbaut von Georg Wilhelm Berlischky. Sie diente als Begräbnisstätte der Markgrafen von Brandenburg/Schwedt, stand nach 1908 leer und war dem Verfall preisgegeben. Erst auf Befehl von Kaiser Wilhelm II. wurde sie als Gedächtnishalle für die im Ersten Weltkrieg Gefallenen wiederhergestellt. Von 1980 bis 1984 erlebte sie einen Umbau zur Konzerthalle und hieß fortan Berlischky-Pavillon. Die noch existierende Orginalkanzel und die Altarwand allerdings wurden bis zur Wende auf Weisung der Schwedter Stadt- und SED-Prominenz zu öffentlichen Anlässen durch einen meterhohen Teppich

Polder bei Schwedt

verhangen, denn die sozialistischen Musikliebhaber sollten nicht durch Relikte religiöser Anschauungen belästigt werden.

Pfälzische und französische Kolonisten, die sich in Schwedt ansiedelten, brachten Ende des 17. Jahrhundert den Tabakanbau in die Stadt. Er wurde zu einem wichtigen Erwerbszweig, es entstanden Vorstädte mit zahlreichen Tabakspeichern. Um 1800 gab es drei Tabakfabriken in Schwedt, 1860 neun und 1870 bereits 27. Zu einer der größten zählte die Tabakfabrik Harlan. Harlan war Kaufmann, Direktor der Fabrik und Bürgermeister in Schwedt. In der Harlanstraße ist noch ein dreigeschossiges Fachwerkhaus erhalten, das als Speicher diente. Die Gebrüder Dieterle aus Schwedt gehörten zu den renommiertesten Tabakfabrikanten Deutschlands, mußten allerdings 1932 Konkurs beantragen. Die Firma Vogelsang aus Bremen erwarb die Fabrik und setzte die Produktion bis Anfang 1945 fort. Ab 1. Oktober 1945 wurde in Schwedt die Konsum-Tabakwarenfabrik gegründet. Nun ist sie geschlossen, sie konnte der Konkurrenz von Cowboys und Kamelen nicht standhalten.

Schwedt hatte über 100 verschiedene Tabakscheunen mit ziegelgedeckten Dächern und Luken. Das »Scheunenviertel« befand sich in Verlängerung der Schloßfreiheit, etwa dort, wo heute das Kaufhaus Hertie zu finden ist. Vor der Rekonstruktion und Neubebauung des Schwedter Stadtkerns wurden noch 78 Tabakscheunen und 65 Speicher gezählt. Dazu gehört der in der Lindenallee zu bewundernde ehemalige Tabakspeicher. Das Haus beherbergt heute im Erdgeschoß eine Buchhandlung, darüber die »Galerie im Ermelerspeicher«. Wilhelm Ermeler, der 1808 eine Tabakfabrik in Berlin gründete und dem das Ermeler-haus in der Berliner Breiten Straße gehörte (heute Restaurant am Spreeufer), nutzte in Schwedt einen Tabakspeicher als Zwischenlager vor der Weiterverarbeitung in Berlin. Zu DDR-Zeiten funktionierte man den ehemaligen Speicher zu einem Möbelkaufhaus und zu einer Textilwarenhandlung um, dazu wurde extra eine Mauer ausgebrochen, da ein Schaufenster fehlte. 1987 ist das zweigeschossige Fachwerkhaus rekonstruiert worden, im Juni 1988 eröffnete die erste Ausstellung ihre Pforten.

Über das Kraut, das Tabak heißt, wird so manches erzählt. Zum Beispiel, daß es der Teufel erfunden habe, aber kein Mensch den Namen des Krautes kannte. In Schwedt erzählt man sich, wie dieser ruchbar wurde: Eines Tages sah ein Bauer, wie der Teufel ein großes Stück Land bepflanzte. Der Bauer, der das Kraut nicht kannte, wurde neugierig und fragte: »Was ist das, Teufel, was du da pflanzt? « »Das rätst du dein Leben nicht!« sprach der Teufel. Das verdroß den Bauern, und er rief: »Was du weißt, weiß ich auch.« »So? Wollen wir wetten?« fragte der Teufel. »Wenn du in drei Tagen den Namen des Krautes errätst, so gehört dir das ganze Land und alles, was darauf steht. Wenn nicht, verfällst du mir mit Leib und Seele!«

Der Bauer ging auf die Wette ein. Doch schon auf dem Heimweg fiel ihm das Herz in die Hosen. Zu Hause angelangt, setzte er sich traurig nieder und nahm weder Speis noch Trank. Als ihn die Bäuerin fragte, erzählte er ihr, wie es gekommen war. Diese sagte: »Wenn es weiter nichts ist, den Namen des Krautes will ich dir schon erraten.« Sprachs und zog sich aus, kroch in die Teertonne, schnitt ein Bett auf und wälzte sich in den Federn. Dann ging sie auf das Feld, lief zwischen den Furchen auf und nieder und senkte den Kopf bis zur Erde, als wollte sie von den Blättern fressen. Kaum ward sie vom Teufel bemerkt, kam dieser gelaufen, um den häßlichen Vogel zu vertreiben. Er klatschte in die Hände und rief: »Tschuch, du großer Vogel, willst du wohl aus meinem Tabak raus!« Die Frau aber hatte genug erfahren und lief nach Hause, um ihrem Mann alles zu erzählen.

Als nun der dritte Tag kam, rieb sich der Teufel schon die Hände und freute sich, eine Seele gewonnen zu haben. Doch der Bauer sagte: »Das Kraut heißt Tabak.« Somit hatte der Teufel die Wette verloren und mußte ohne Seele in die Hölle zurück. Der Bauer aber bekam das große Stück Land mit dem Tabak darauf. Und damit hat aller Tabakanbau in der Welt seinen Anfang genommen.

Das Schwedter Rathaus an der Lindenallee war einst ein stattlicher rechteckiger Bau aus dem Jahre 1515. 1631 zerstört, ließ es Philipp Wilhelm von 1699 bis 1706 erneuern. 1774 ist der Turm umgebaut worden. Als neues Rathaus dient das ehemalige Arnimsche Palais, das aus der ersten Hälfte des 19. Jahrhunderts stammt. Das Gebäude der Sparkasse, am Ende der Vierradener Straße, einer kleinen, unbelebt wirkenden Fußgängerzone, gelegen, ist 1893 im fränkischen Fachwerkstil erbaut worden. Das Haus war in Besitz von Theodor Hahn, der eine über die Stadtgrenzen hinaus bekannte Seifenherstellung und -auslieferung betrieb. Später ging es in den Besitz der Märkischen Reisstärkefabrik GmbH über und wurde danach als Getreidemühle genutzt. In den fünfziger Jahren siedelten sich in dem Gebäude die HO (Handelsorganisation), später der DDR-Kulturbund und die DDR-Frauenorganisation an.

Die 1862 in der Harlanstraße erbaute Synagoge wurde gemeinsam für Schwedt und Vierraden genutzt. Daneben befindet sich ein jüdische Ritualbad, das wahrscheinlich ebenfalls 1862 errichtet wurde. Der Zugang zum Badeschacht war unterirdisch, nur die Kuppel mit einem Durchmesser von vier Metern ist zu sehen, doch schwer zu finden. Denn sie liegt verborgen hinter dem Gartenzaun des Stadtarchitekten am Karlsplatz. Die Synagoge ist 1938 nicht nur verwüstet worden, die Juden mußten auch das einstige Gotteshaus abtragen und den Bauschutt in das danebenliegende Bad schütten. Dafür ist der jüdische Friedhof mit Grabsteinen in hebräischer und deutscher Inschrift nahezu vollständig erhalten. Er ist in der Helbigstraße, unweit des Bahnhofs, zu finden.

Die katholische Kirche am Vierradener Platz wurde von 1895 bis 1898 in märkischer Backsteingotik erbaut. Die evangelische St. Katharien-Kirche in unmittelbarer Nähe entstand als spätgotischer Bau im 16. Jahrhundert. Durch die Wiederherstellung und den Ausbau nach einem Brand von 1887 hat sie jedoch ihren ursprünglichen Charakter verloren. Im Mittelalter war der Chor als gerader rechteckiger

Tabakspeicher und -anbau bei Vierraden

Raum errichtet, die als Querschiff wirkenden Flügel sind nach einer Ortsvergrößerung erweitert und schließlich ist im Westen ein quadratischer Turm angefügt worden. In den letzten Kriegstagen wurde durch eine deutsche Granate noch ein Loch ins Dach geschossen, wenige Tage später brannte die Kirche völlig aus. Im Dezember 1950 war sie wiederhergestellt, zur Mahnung sollte der Turm ohne Abschluß bleiben.

Von Anfang 1945 ist ein Befehl überliefert, der das Schicksal der Stadt Schwedt tief beeinflußte: »31. Januar 1945 * Befehl 831 * Die Jagdverbände marschieren mit allen verfügbaren Einheiten noch heute nach Schwedt an der Oder und bilden östlich der Oder einen Brückenkopf. * Himmler, Chef der Heeresgruppe Weichsel«. Die deutschen Truppen hatten mehrfach eine Kapitulation abgelehnt, was am 20. April 1945 unausbleiblich zum Beschuß der Stadt durch die Sowjetarmee führte. Schwedt ist zu fast 90 Prozent zerstört worden. Im Park Heinrichslust, der im Dreißigjährigen Krieg den Schweden als Lager diente und 1788 als Landschaftsgarten angelegt wurde, ist im April 1975 ein sowjetischer Panzer T 34 am Parkeingang aufgestellt worden. Von ihm ist allerdings nichts mehr zu sehen, nur noch das Denkmal von Gustav Adolf, der die Stadt verwüsten ließ.

Von der Vierradener Straße führt der Weg zum Busbahnhof, dem eigentlichen Markt von Schwedt. Er soll als solcher auch wieder hergerichtet werden. Vielleicht zieht dann das Stadtmuseum in andere Räume, doch solange ist es noch am Ende des Marktes zu finden. 1930 war es als ein regionalgeschichtliches Museum entstanden und wurde nach größeren Verlusten im Zweiten Weltkrieg 1952 wiedereröffnet. 1974 entstand aus der ständigen Ausstellung

»Das sozialistische Schwedt und seine Erbauer« eine eigene Abteilung; die auch künftig ihren Teil zur Stadtgeschichte beizutragen hat.

Ob der Lage Schwedts an der polnischen Grenze versteht sich die Stadt als »Tor zum Osten«. Vom Museum aus gelangt man über sechs Brücken nach nur drei Kilometern zur polnischen Grenze, markiert vom Hauptlauf der Oder. Von 1680 bis 1682 wurde anstelle der Fähre die erste Pfahlbrücke über die Oder gebaut, die 1911 teilweise abbrannte. Seit 1928 gibt es die Steinbrücke. Ursprünglich war das Stadtgebiet der Altstadt von zwei Oderarmen umflossen, ehe die Oder in mehreren Etappen reguliert wurde und die Hohensaaten-Friedrichsthaler-Wasserstraße entstand. Dadurch liegt Schwedt nicht mehr direkt an der Oder.

Beim Überqueren der Brücken bietet sich ein wundersamer Blick über die Polder dar. Polder nennt man das eingedeichte Land zwischen Oder und Hohensaaten-Friedrichsthaler-Wasserstraße, das jedes Jahr im Winter große Wassermassen aufnimmt und so den Städten und Dörfern entlang der Oder Schutz gegen Hochwasser gewährt. Ist das Eis getaut, vergehen noch Wochen, ehe das Gebiet getrocknet ist. Bekannt sind die Poldergewässer nicht nur für ihren Fischreichtum, sondern seit 1980 erstreckt sich über 25 Kilometer von Stolpe bis Friedrichsthal, unterhalb von Gartz gelegen, ein Wasservogelschutzgebiet, eins der wenigen noch erhaltenen Feuchtraumgebiete. 325 Vogelarten sind dort festgestellt worden. Eine landwirtschaftliche Nutzung als Wiesen- und Weideland ist erforderlich, da sonst schnell Holzgewächse wie Weiden und Erlen gedeihen und eine Bruchlandschaft statt eines Feuchtraumgebietes entstehen lassen. Wieviel Mengen weißen Schwemmsandes bei der jährlichen Flutung der Wiesen abgelagert werden, zeigt sich besonders im Raum der Alten Oder am Wehr Niedersaaten. Bis 1925 verkehrten dort Schleppkähne von 250 bis 300 Tonnen, heute ist ein Befahren nicht mal mehr mit dem Faltboot möglich.

Wer mag, kann durch die Polder über die Deiche bis nach **Criewen** wandern. Der 450-Seelen-Ort liegt sieben Kilometer südwestlich von Schwedt. Wem aber die Straße sicherer ist, muß in Richtung Angermünde fahren und kurz hinter Schwedt nach Zützen mit einer hübschen kleinen Feldsteinkirche abbiegen. Aus dem verträumten Fischerdorf Criewen aus dem 13. Jahrhundert entstand um 1820 das von Rittmeister Otto von Arnim errichtete und über vier Generationen bewohnte Rittergut. Das im Barockstil errichtete Schloß war bis 1945 Sitz der Familie von Arnim. Es hat im Laufe der Zeit mehrere Umbauten über sich ergehen lassen müssen, den letzten um 1900. 1968 wurde es neu abgeputzt. Zu hören war, daß das Schloß nach 1945 eigentlich abgerissen werden sollte, um Baumaterial für die Neusiedler zu gewinnen. Doch, Gott sei's gedankt – es blieb verschont. 1822 legte Joseph Peter Lenné einen Garten im englischen Stil an, ein Nebeneinander mehrerer Parzellen, die verschiedensten Zwecken dienten – als Obst- und Gemüsegarten zum Beispiel.

Der zehn Hektar große Park umgibt das Schloß mit botanisch seltenen Gehölzen wie Sumpfzypressen, Platanen, amerikanischen Mammutbäumen, Robinien und Goldeschen. Am Südende des Parks, versteckt hinter einer alten Eibenbaumgruppe, steht eine 700 Jahre alte Feldsteinkirche. An dieser Stelle lag vor 150 Jahren das Dorf Criewen, doch es mußte dem Park weichen und wurde weiter westlich angelegt. Der Fachwerkturm der Kirche entstand 1830, 1692 war der Umbau der im Dreißigjährigen Krieg zerstörten Kirche beendet, der 1668 begonnen hatte.

Nach einer Generalrenovierung 1913 erhielt die Kirche ihre heutige Innengestaltung. Unter der Kirche soll sich eine Gruft befinden. Doch keiner weiß, mit wessen Särgen. Unmittelbar an der Eingangstür zur Kirche ist ein Grabmal von Friederique Charlotte von Rebeur erhalten, die am 3. März 1792 in Criewen verstorben ist. Das Gut war von 1768 bis 1816 in Besitz der Familie von Rebeur. Daneben ist Carl Friedrich Ludwig Michaelsen, Feldprediger und Pastor in Criewen von 1802 bis 1826, begraben. Er hat 500 Soldaten vor Napoleons Truppen geschützt und dafür vom preußischen König Friedrich Wilhelm III. das Goldene Zivilehrenzeichen erster Klasse erhalten.

Durch den vor über 100 Jahren im Bereich der unteren Oder begonnenen Bau eines Poldersystems ist in Criewen

Schwedt, Vierradener Straße

eine naturnahe Flußlandschaft erhalten geblieben, die als Brut-, Überwinterungs- und Rastgebiet für Tausende von Sumpf-, Watt- und Wasservögeln dient. Hier entsteht der Nationalpark Unteres Odertal, und das Schloß Criewen soll Sitz der Leitung des Nationalparks werden.

Die alte Handelsstraße, auch Königsweg genannt, von Frankfurt nach Stettin nördlich von Schwedt überschritt an einer Furt die Welse, an deren Nordufer sich eine mäßige Erhöhung von der ansonsten flachen Landschaft abhob. Dort lag in alter Zeit eine Mühle mit vier Rädern, die vermutlich die Keimzelle einer Ansiedlung und namensgebend für den Ort **Vierraden** war. In einer Urkunde vom 22. August 1265 wird die Mühle erwähnt, denn der Pommernherzog Barnim I. überwies mit dieser Urkunde an das Stettiner Nonnenkloster eine jährliche Hebung von dreieinhalb Wispel Roggen von dieser Mühle. 1864 ging die Mühle beim Tieferlegen des Welse-Flußbettes ein. Der Ort, die kleinste Stadt der Uckermark, liegt nur vier Kilometer in Richtung Gartz von Schwedt entfernt. 1321 wird zum ersten Mal eine pommersche Burg auf der genannten Anhöhe erwähnt, umgeben von einem Wassergraben. Der Turm soll 65 Meter hoch gewesen sein. 1478 hat Graf Hans von Hohenstein die Burg als erbliches Lehen erhalten, die jedoch 1637 beim Zug der Schweden von Pasewalk nach Schwedt über Vierraden eingeäschert wurde. Später, heißt es, habe man Steine der Burg für den Bau des Schwedter Schlosses verwandt. 1878 wurde der Burgplatz und die Ruine an den Ackerbürger Julius Kummerow verkauft. Den Turm, der in Besitz des Königs geblieben war, traf 1945 eine Granate der Sowjetarmee. Er ragt heute als Ruine am Ortsausgang in Richtung Gartz in die Landschaft.

Das Dasein als Stadt verdankte die Ansiedlung der Laune und dem Geltungsbedürfnis des Grafen Wolfgang von Hohenstein, der Vierraden am 30. August 1515 Stadtrecht und sogar das Recht auf Gebrauch eines eigenen Siegels und Wappen erteilte. Der Ort hieß urkundlich eigentlich Rosengarten zu Vierrade, doch dieser Name kam nie in Gebrauch. Nur das Stadtwappen erinnert noch an ihn. Fünf Jahre später verlegte der Graf von Hohenstein seinen Wohnsitz nach Schwedt, denn die Wohnräume im Vierradener Schloß waren für seine Familie zu eng geworden. Seither lag die Verwaltung in den Händen des Schloßhauptmanns. Der Ausbau der Chaussee nach Stettin 1828 bescherte Vierraden einen ungeahnten Aufschwung. Doch die Eisenbahnlinie Berlin–Stettin über Angermünde drängte Vierraden ins Abseits, eine allgemeine Landflucht setzte ein.

Die Kirche in Vierraden ist offenbar 1515 mit der Stadt entstanden. Im 18. Jahrhundert predigte hier ein lutherischer Pfarrer. Die Reformierten benutzten bis 1733 die Kirche mit, ehe sie in Schwedt eingemeindet wurden. 1787 brannte die Kirche ab und erstand wieder als massiver Barockbau in Form eines Rechtecks mit gleichbreiter Turmanlage. Die Bauzeichnung für den Neuaufbau stammen von Landesbaumeister Berlischky, im Juli 1788 fand die Einweihung statt. Die Kirche wurde gegen 1900 erweitert, im Zweiten Weltkrieg aber zerstört. Und seitdem fehlt bis heute das Geld für den Wiederaufbau ...

Zwischen 1870 und 1880 ließ der Tabakkaufmann Lange in der Schwedter Straße einen Tabakspeicher aus roten Backsteinen errichten, dazu für seine Familie eine Villa und für zwölf Familien Arbeiterhäuser. Diese wurden »Roter Socken« genannt und haben den Zweiten Weltkrieg, obwohl Vierraden 1945 zu 85 Prozent zerstört wurde, und die DDR überdauert.

Weiter auf der B 2 gelangt man nach gut 15 Kilometern nach **Gartz**, alte Kilometersteine markieren hier und da noch die alte Reichsstraße 2 nach Stettin. Burg und Flecken »Gardez« wurden bereits 1124 urkundlich erwähnt. Vermutlich lag die Burg im Nordostteil der Stadt, die zunächst als slawische Siedlung entstanden war, ehe zunehmend deutsche Siedler einwanderten. Damit verbunden war der Versuch einer Christianisierung des Ortes. Der Sage nach aber soll Bischof Otto von Bamberg mehrfach von widerspenstigen Heiden aus Gartz vertrieben worden sein. Der Bischof hatte in der Tat 1124/25 und 1128/29 Fahrten nach Pommern unternommen, um die hier lebende Bevölkerung dem Christentum zu unterwerfen.

Ab 1231 soll Gartz brandenburgisches Lehen gewesen sein, doch 1249 verlieh Pommernherzog Barnim I. dem Ort Magdeburger Stadtrecht. Um 1270 wurde die Stadt mit Stadtmauer, Wall und Graben versehen und eine neue Stadtkirche gebaut. Die exponierte Lage als Brückenkopf am Oderübergang und als Zugang zum Seehandel über Stettin brachte den Gartzer Bürgern Privilegien. 1271 erhielten sie das Recht, Getreide zu kaufen und zu verschiffen. 1293 kommt das Recht, Wasser- und Brückenzoll zu erheben, hinzu. 1302 entsteht die Handelsstraße Berlin – Stettin, die über Gartz führt, und 1308 gibt es die erste Oderbrücke. 1316 wird Gartz brandenburgisch und erhält 1340 durch Kaiser Otto I. Münzgerechtigkeit. 1468 bauten die Brandenburger ein Schloß, das schon 1478 wieder zerstört wurde, als Ritter Bruschaver von Brusefelde durch eine List die Stadt wieder in pommerschen Besitz zurückführte.

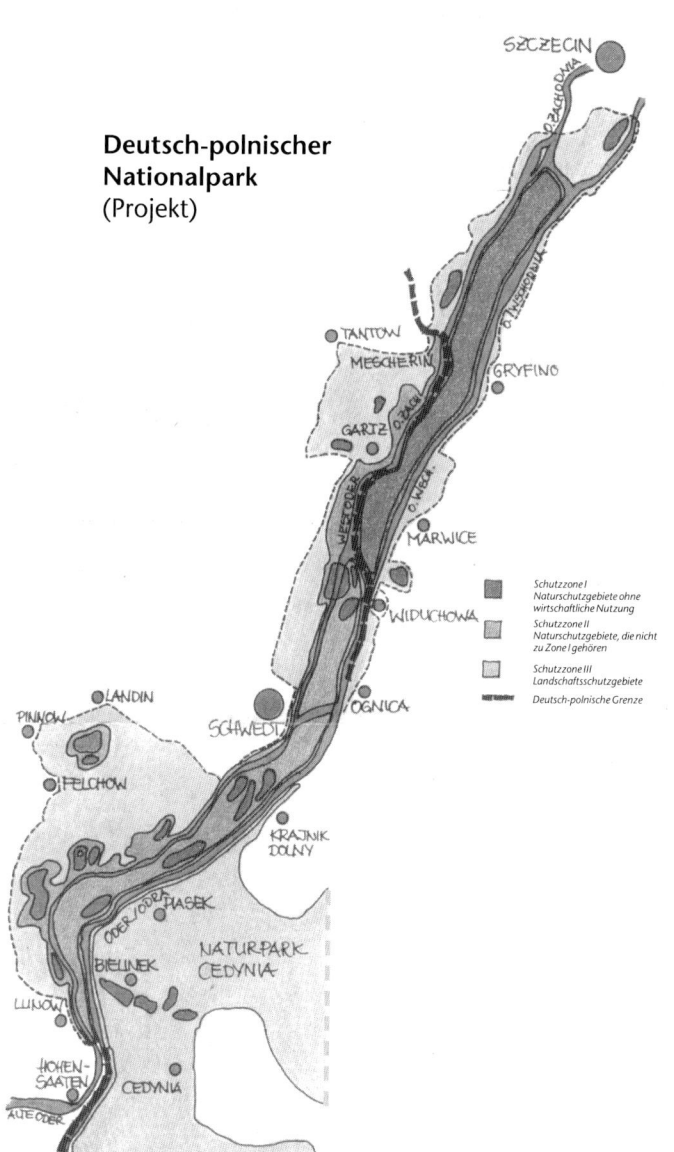

Deutsch-polnischer Nationalpark
(Projekt)

SZCZECIN

O ZACHODNIA

O WSCHODNIA

TANTOW

MESCHERIN

GRYFINO

GARTZ

O.ODER

O.WEST.

MARWICE

WESTODER

WIDUCHOWA

LANDIN

PINNOW

SCHWEDT

OGNICA

FELCHOW

KRAJNIK DOLNY

ODER/ODRA

PIASEK

NATURPARK CEDYNIA

BIELINEK

LUNOW

HOHEN-SAATEN

CEDYNIA

ALTE ODER

Schutzzone I
Naturschutzgebiete ohne
wirtschaftliche Nutzung

Schutzzone II
Naturschutzgebiete, die nicht
zu Zone I gehören

Schutzzone III
Landschaftsschutzgebiete

Deutsch-polnische Grenze

»Hier geht nichts Welterschütterndes vor«, schrieb daeinst der Stadtobersekretär Nase in dem 1932 erschienenen Heimatbuch »Gartz, die alte Stadt an der Oder«. Diesem Eindruck kann der Besucher auch heute nicht widersprechen. Gartz wurde im Zweiten Weltkrieg zu 80 Prozent zerstört und in 40 Jahren Sozialismus total vernachlässigt. Lebten vor 1945 in dem Handelsknotenpunkt zwischen Berlin und Stettin 6.000 Menschen, sind es heute nur noch 2.200. Mit Phantasie und Mühe ist der ursprünglich mittelalterliche Stadtkern von Gartz vielleicht vorstellbar. Er soll, wie das alte Tabakscheunen-Viertel, wiederhergestellt werden. Schwer zu sagen, ob dann der Trostlosigkeit, die die Stadt momentan beherrscht, das ehemals gelobte pommersche Flair folgen kann.

Sieben Meter hoch und zwei Meter breit war die Stadtmauer, die die Gartzer 1258 aus Feldsteinen errichteten. Die Steine sollen mit ochsenbluthaltigem Mörtel zusammengefügt worden sein, was den Verfall der Mauer nicht hat verhindern können. Nur ihr Nordteil ist heute noch weitgehend erhalten. Von den einst vier Toren hat lediglich das Stettiner überlebt, das bis 1945 das Heimatmuseum beherbergte. Die Stadtmauer wird rekonstruiert und soll, so sehen es die Stadtplaner vor, wieder begehbar werden für Fußgänger und Radfahrer. Doch heute noch lehnen sich schiefe Garagen und Ställe respektlos an die Mauer an. Auch die beiden Pulvertürme, von denen selbst die Stadtverwaltung das ursprüngliche Aussehen nicht kennt, werden restauriert. Der eine ward als Müllkippe mißbraucht worden; der andere, im Volksmund Storchenturm genannt, war aus Backsteinen gebaut und der Mauer nur »beigefügt«.

Die St. Stephanskirche, deren Ursprung im 13. Jahrhundert liegt, ist nach dem Zweiten Weltkrieg nur teilweise wiederaufgebaut worden. Sie überwiegt in dem ansonsten von großen klaffenden Lücken bestimmten Stadtbild. Umbauten zerstörten auch die ursprüngliche Architektur des Spittel, wie die ehemalige Kirche Zum heiligen Geist heute im Volksmund genannt wird. Ein Augustinerkloster entstand in Gartz, in das später die Stadtschule zog, die dann zu einer Seidenfabrik wurde. Ein Denkmal in Gartz soll noch erwähnt werden: Das Denkmal der Königin Luise am Mühlenteich, ein Findling, der als Inschrift lediglich zwei Jahreszahlen trägt. 1913 wurde es errichtet als Erinnerung an das hundertjährige Jubiläum der Völkerschlacht bei Leipzig 1813. Königin Luise soll Gartz auf der Flucht vor Napoleon 1806 durchreist haben.

Am nördlichen Stadtausgang rechts hinter dem Friedhof biegt ein Weg ab, auf dem man nach etwa einem Kilometer eine alte Steinbank erreicht. Hier, am Uferwall des Odertals, bietet sich dem Besucher bei klarem Wetter eine herrliche Aussicht dar. Vor 1945 hat Gartz die Wasserstraße nach Stettin intensiv genutzt. Zweimal täglich fuhr der Dampfer zwischen Gartz und Stettin, und wenn beispielsweise jemand einen Zaun brauchte, bestellte man diesen in Stettin und erhielt ihn auf dem Dampferwege geliefert. Die heutige Kreisstadt Angermünde war den Gartzern damals kein Begriff. Gartz hatte bis Ende der sechziger Jahre einen Jachthafen, der wegen seiner Nähe zur polnischen Grenze geschlossen werden mußte. Entstanden ist dafür der Hafen im sechs Kilometer entfernt liegenden Friedrichsthal. Nun hat Gartz gleich den Bau von zwei neuen Häfen geplant: eines Jacht- und eines Sportboothafens. Von Gartz aus kann man schließlich wieder bis nach Hamburg, ja selbst über den Mittellandkanal in den Rhein nach Köln fahren.

Wanderwege durch die Uckermark

Auf 700 Kilometern Wander-
wegen kann der Reisende durch
die Uckermark Wiesen, Felder,
Wälder und Seen erleben,
obwohl längst noch nicht alle
Wege markiert sind. Hier eine
kleine Auswahl:

Uckermärkischer Rundweg

Sechs Touren für den 146 Kilometer langen Rundweg (Markierung: roter Punkt in weißem
Feld, entlang der großen Seen
wandelt der Reisende stellen-
weise auf alten Treidelpfaden,
jenen, von denen aus im Mittelalter Schiffe über die Seen gezogen wurden)

1. Angermünde – Ringenwalde
(23 Kilometer)
Ausgangspunkt ist Angermünde, von dort 4 Kilometer bis
nach Wolletz und zu dem
gleichnamigen See, dann über
Glambeck, das alte Köhlerdorf
Poratz nach Ringenwalde. Alle
Wege führen durch das Biosphärenreservat Schorfheide-
Chorin.

2. Ringenwalde – Templin
(18 Kilometer)
Durch dichten Laubwald bis
Ahlimsmühle an der Südspitze
des Lübbesees, parallel am
Südufer entlang nach Templin.

3. Templin – Boitzenburg
(25 Kilometer)
Vom Templiner Stadtzentrum
am Ufer des Templiner Sees
zum Fährkrug (Restaurant derzeit noch im Bau), über Kloster-
walde dann nach Herzfelde und
Wichmannsdorf bis Boitzenburg.

4. Boitzenburg – Prenzlau
(23 Kilometer)
Durch die Zervelliner Heide bis
Naugarten, dann weiter nach
Gollmitz in Richtung Kröchlendorf, links dann Klein Sperren-
walde zum Bahnhof Groß Sper-
renwalde durch die Kleine Heide
bis nach Prenzlau.

5. Prenzlau – Warnitz
(22 Kilometer)
Von Prenzlau aus am Westufer
des Unteruckersees über Röpers-

dorf und Zollchow nach Potzlow, dann weiter nach Seehausen, dort wird die Ücker überquert, um die Nordspitze des Oberuckersees herum nach Warnitz.

6. Warnitz – Angermünde
(27 Kilometer)
Von Warnitz über Melzow und Stegelitz durch den Suckower Forst und Steinhöfel, wo verwachsene Wege wieder freigelegt werden mußten, die einst im Mielkeschen Staatsjagdgebiet lagen, dann nach Görlsdorf und durch das Wasservogelreservat »Blumberger Mühle« bis nach Angermünde.

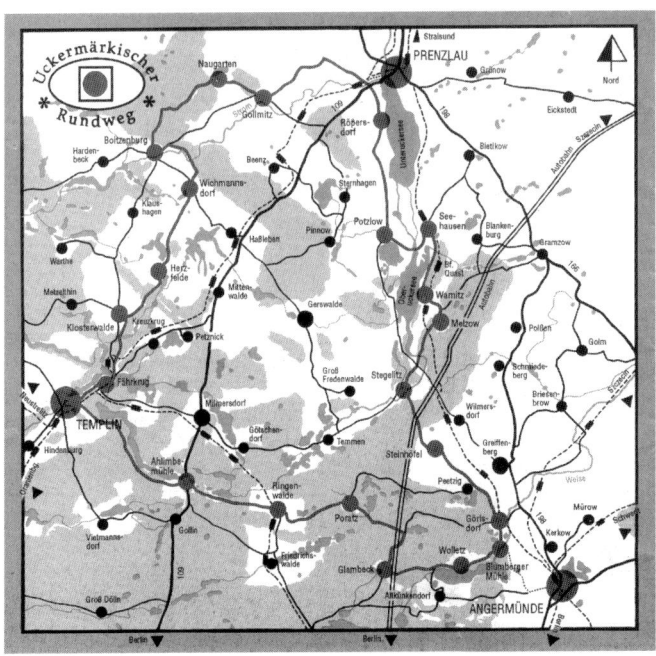

Unteruckersee – Rundweg

Zwei Etappen in 30 Kilometern (Markierung: gelber Punkt in weißem Feld)

1. Prenzlau – Potzlow
(11,5 Kilometer)
Vom Prenzlauer Stadtzentrum aus bis zum Friedrich-Engels-Ufer am Unteruckersee, vorbei an der Sabinenkirche und der Forellenmastanlage bis Röpersdorf, dann über Zollchow und Strehlow nach Potzlow. (Bis hierher gleich dem Uckermark-Rundweg.)

2. Potzlow – Prenzlau
(15,5 Kilometer)
Von Potzlow aus über die Kanalbrücke nach Seehausen, dort über die Bahnschienen in Richtung Seelübbe, weiter entlang des Unteruckersees auf dem neu aufgeschütteten Damm bis zur Uckerpromenade, dann am Westufer des Unteruckersees zurück zum Stadtzentrum Prenzlau.

Bahnhof Chorin – Parstein
Gut als Fahrradtour geeignet
(*12,5 Kilometer*)

Fast gegenüber dem Bahnhof geht die Straße nach Brodowin ab. Unweit des Dorfes mündet der Nettelgraben über den Weißen und Prottenlanken-See in den Parsteiner See. Nahe der Brodowiner Kirche zweigt der Weg nach Pehlitz ab. Vorbei am Pehlitzwerder erstreckt sich links der Parsteiner See mit dem Zeltplatz Parstein. (Über Bölkendorf und Herzsprung Bahnanschluß in Richtung Angermünde oder Bernau.)

Wurlsee-Rundweg
Lychner Seenrundweg (gelbes Kreuz auf weißem Feld, *etwa 7 Kilometer*)

Vom Lychner Marktplatz aus in Richtung Fürstenberg über die Kanalbrücke, der den Nesselpfuhl mit dem Stadtsee verbindet, gegenüber der Schlüßstraße rechts abbiegen, bis zum Ufer des Wurlsees. Am See entlang, vorbei an der Halbinsel Lindenhof bis zur Retzower Chaussee, vorbei an der Badestelle Wurlgrund und über den Zeltplatz Rehberge, über das Quellgebiet des Sees zum Zeltplatz Wurlsee, dort zur Strelitzer Straße, am Wurlsteig rechts zur Brücke über die Wurlflut, die den See mit dem Nesselpfuhl verbindet zur Straße, dann links wieder Richtung Marktplatz in Lychen.

Hohe Heide – Rundweg

Durch das Walddörfchen Küstrinchen (Markierung: grüner Punkt auf weißem Feld, *etwa 15 Kilometer*)

Vom Marktplatz Lychen aus in Richtung Templin wird das Wehr zwischen Oberpfuhlsee (links) und dem Stadtsee überquert, den Angelberg hinauf in den Ortsteil Hohenlychen, links hinter dem Kindersanatorium in den Wald, am alten Schützenhaus vorbei zum Zenssee, eine Treppe führt am Steilufer hinunter. Am Uferweg entlang über eine Brücke, rechts der Platkowsee, durch die Ansiedlung Wuppgarten durch dichte Wälder vor der Ansiedlung Küstrinchen links zum Küstriner Bach abbiegen, der bei Lychen in den Oberpfuhlsee mündet. Der Weg am Bachufer führt durch Fegefeuer. Rechts führt eine Brücke über den Bach bis zur Boitzenburger Landstraße, links zurück nach Lychen.

Woblitz – Rundweg

Nach Himmelpfort und zurück (Markierung: grüner Balken in weißem Feld, *etwa 18 Kilometer*)

Von der Anlegestelle des Fahrgastschiffes »Möwe« an der Hohestegbrücke zum Großen Lychensee, vorbei am Strandbad, am mit Misch- und Nadelwald umsäumten Ufer vorbei am Kuckuckswerder durch das Naturschutzgebiet Mellensee, am Moor vorbei zur Naturschutzstation Woblitz, entlang der Woblitz bis nach Himmelpfort, zurück über die Schleuse zwischen Haussee und Stolpsee auf der anderen Seite der Woblitz über eine Brücke zwischen Kleinem und Großem Lychensee wieder zum Ufer des Großen Lychensees, vorbei am Fischereistützpunkt über die Schienen (zwei Mal) zum Ferienpark Schlüßhof, von dort entlang der Schienen zurück zur Berliner Straße Richtung Markt.

Rund um den Lübbesee

Fuß- oder Radweg von *19 Kilometern Länge* (Markierung: gelber Punkt auf weißem Grund) Beginnend beim Ferienhotel am Lübbesee führt der Weg am Ufer entlang durch die Buchheide nach Ahlimsmühle, über Petersdorf und Ahrensdorf, dann die Bahngleise überquerend über »Drei Häuser« zum Nordufer des Lübbesees und nach Templin zurück.

Moränenrundweg

Eine Gebietswanderung, die später bis nach Gartz führen soll (*jetzt etwa 17 Kilometer*, Markierung: roter Balken in weißem Feld)

Der Wanderweg führt ab Gerswalde nach Potzlow vorbei am Großen Potzlower See, überquert bei Seehausen die beiden Uckerseen, führt dann über Blankenburg nach Gramzow, von dort durch den Zehnebecker Wald zur Blumberger Mühle bei Angermünde.

Die Uckermark von A wie Angermünde bis Z wie Zehdenick

Notwendige Anmerkung

Die im Anhang vermerkten Adressen sind ohne Gewähr. Der Leser möge dies entschuldigen, aber noch immer verschwinden oder entstehen Cafés, Restaurants und Hotels und Straßennamen ändern sich.

Dieses Büchlein wäre nicht entstanden, hätten mir nicht so viele freundliche Leute geholfen, hier und da mehr zu erfahren, als gemeinhin nachzulesen ist. Ihnen allen gilt mein Dank, ganz besonders aber Heike Zumpe und Lutz Grundmann aus Prenzlau, Liane Morgner und Gerhard Paul aus Schwedt, Willi Witte aus Boitzenburg, Johannes Reimer aus Potzlow, Klaus Brandt aus Gramzow, Martin Wyczinski aus Strasburg, Hanfried Schwieger aus Joachimsthal, Andrea Hiller aus Angermünde, Konstanze Rätsch aus Templin, Ralf Rempt aus Lychen und Günther Hoffmann aus Hohensaaten, sowie Dr. Dieter Baumgarten aus Stuttgart.

Brigitta Richter

PS: Vielleicht gibt es von diesem oder jenem Leser Änderungen, Ergänzungen oder auch Anregungen; für all das wäre ich dankbar. Richten Sie diese bitte an: ELEFANTEN PRESS VERLAG, Geheimtip Uckermark, Oranienstraße 25, Postfach 360 440, W-1000 Berlin 36.

1320 Angermünde

(Vorwahl: 0 33 31)

Auskunft: Fremdenverkehrsbüro (auch Zimmervermittlung und Konzertkarten), Rosenstraße 15, Tel.: 3 22 68 • *Cafés:* Café am Mündesee, Seestraße 11c, Tel.: 2 25 06 • Konditorei & Café Striegler, Berliner Straße 63, Tel.: 3 23 70 • Pahls-Eisbar, 1321 Greiffenberg, Tel.: (03 33 34) 3 49 • Café zur Post, 1321 Greiffenberg, Tel.: (03 33 34) 3 03 • *Camping:* Wolletzsee, Tel.: 3 31 02, Auskunft über Gemeindeamt Wolletz, Tel.: (Alt Künkendorf 03 33 37) 2 30, 3 30 • *Gaststätten:* Kaisergarten, Schwedter Straße 51, Tel.: 3 30 04 • Grambauers Kalit, Hoher Steinweg 25, Tel.: 3 25 85 • Weinhaus Waldgarten, Birkenallee 7, Tel.: 3 36 15 • Schwedter Tor, Schwedter Straße 29, Tel.: 3 30 15 • *Handwerk:* Schmuckemail Karin Wendt, 1321 Görlsdorf, Gestüt 4, Tel.: (Greiffenberg) 4 31 • *Hotel/ Unterkunft:* Pension Eschert, Jahnstraße 41, Tel.: 2 07 99 • Stolper Turm, 1321 Stolpe, Tel.: (03 33 38) 5 40 • Pension Zum Gestüt, 1321 Görlsdorf, Tel.: (Greiffenberg) 4 31 und 3 95 • *Konzert:* Marienkirche, Kirchplatz 1, Tel.: 3 21 47 • *Museen:* Heimatmuseum, Brüderstr. 18, Tel.: 3 22 49, zur Zeit geschlossen, aber Stadtführungen nach Absprache • Ehm-Welk-Literaturmuseum, Puschkinallee 10, PF 0869, Tel.: 3 33 81 • *Reit- und Fahrtouristik:* Reit- und Fahrtouristik Lehmann, 1320 Sternfelde, Kastanienallee 2, Tel.: (Angermünde) 2 13 99 • *Zoo:* Heimattierpark Angermünde, Puschkinallee, Tel.: 3 21 43

2021 Boitzenburg

(Vorwahl: 03 98 89)

Auskunft: Gemeindeverwaltung, Wigner Straße, Tel.: 2 35 • *Angeln:* Uckermark Fisch GmbH, Templiner Str. 2a, Tel.: 2 81 und 4 00 • *Gaststätten:* Klostercafé (an der Klostermühle), Tel.: 8 36 • Zum Löwentempel, Herzfelder Weg • Sportlerheim, Am Sportplatz, Tel.: 2 15 • Gasthaus Zur Eiche • *Museum:* Produktionsmuseum Klostermühle • *Unterkunft:* Zimmervermittlung über die Gemeindeverwaltung

1301 Chorin

(Vorwahl: 03 33 66)

Auskunft: Gemeindeverwaltung, Dorfstr. 19, Tel.: 3 36 • *Camping:* Parsteiner See, 1301 Parstein • Pehlitzwerder, 1301 Brodowin • *Gaststätten:* Alte Klosterschänke, Am Amt 9, Tel.: 4 33 • Gasthof Lindenkrug, 1301 Brodowin, Dorfstraße 80, Tel.: (Liepe 03 33 62) 2 88 •

Hotel: Haus Chorin, Neue-Klo-ster-Allee 10, Tel.: 4 47 • *Museum:* Kloster Chorin, Klo-sterverwaltung, Amt 11, Füh-rungen bei der Klosterverwal-tung anmelden, Tel.: 2 06 • Konzertkarten für Choriner Musiksommer: bei Geschäfts-stelle Choriner Musiksommer, Alfred-Möller-Str. O-1300 Ebers-walde, Tel.: (0 33 34) 6 54 16; Theaterkassen: Berlin-Zehlen-dorf, Teltower Damm 22, W-1000 Berlin 37, Tel.: (0 30) 8 01 16 52 und Palasthotel, Spandauer Straße, O-1020 Berlin, Tel.: (0 30) 2 12 52 58 oder -59 02

1321 Criewen
(Vorwahl: Schwedt 0 33 32) *Auskunft:* Fremdenverkehrbüro der Gemeindeverwaltung, Tel.: (Schwedt) 51 65 45 • *Fahrrad- und Bootsverleih:* Fremden-verkehrsbüro (Sa/So bei Frau Göh-ler, Dorfstr. 23) • *Gaststätten:* Zur Linde, Dorfstraße 21, Tel.: 2 11 43 • Zum Winkel, 1321 Zützen, Tel.: (Schwedt) 2 20 33 • *Reiten/Kutschfahrten:* Familie Manfred Vandree, Dorfstr. 37

1301 Eichhorst
(Vorwahl: Finowfurt 0 33 35) *Auskunft:* Gemeindeverwaltung, Schulstraße 1, Tel.: (Finowfurt 0 33 35) 6 02 sowie Zweckver-band Werbellinsee-Grimnitzsee,

1301 Altenhof, Adolf-August-Straße 15, Tel.: (03 33 63) 22 12 • *Camping:* Am Spring E/25 • Süßer Winkel E/26 • *Gaststätten:* Gaststätte/Pension »Zur Schorfheide«, Tel.: (Finow-furt 0 33 35) 4 66 • Gasthaus Am Spring, Joachimsthaler Chaussee, Tel.: (Altenhof 03 33 63) 42 01 • Kaffestube/Eisdiele »An der Eiche«, Mittelstraße 1, Tel.: (Finowfurt 0 33 35) 6 01 • *Kutschfahrten:* Schorfheidege-stüt Sarnow GmbH, 1294 Groß Schönebeck, Tel.: (Groß Schö-nebeck 03 33 93) 3 20

2082 Feldberg
(Vorwahl: 03 98 31) *Angeln:* Fischereibetrieb Feld-berg, Amtsplatz 2, Tel.: 2 05 • *Auskunft:* Fremdenverkehrsver-ein »Feldberger Seenland-schaft«, Strelitzer Straße 15a, Tel.: 3 43 • *Bootsverleih:* M. Karzikowski, Am Schmalen Luzin, Tel.: 8 14 • *Camping:* Thomsdorf am Dreetzsee, 2091 Thomsdorf, Tel.: (Boitzenburg) 7 46 • Scholverberg (Am Bau-ernhof), Tel.: 6 19 • Gaststät-ten: Fischräucherei/Fischimbiß, Am Amtswerder • Piccolo, Bergstraße 7a, Tel.: 4 38 • *Hei-matstube:* Am Amtsplatz, Tel.: 6 76 (Führungen vorher anmel-den) • *Hotel:* Hotel Huller-busch, Tel.: 2 43 • Forsthaus St. Hubertus, 2081 Lichtenberg,

Tel.: (Feldberg) 3 44 • Pension des Hans-Fallada-Archivs, Eichholz 3, Tel.: 5 60 • Hotel Amtswerder, Amtsplatz 11, Tel.: 3 22 • *Jugendherberge:* Jugendherberge Feldberg, Klinkecken 6, Tel.: 5 20 • *Reit- und Fahrtouristik:* J. Püttner, Neuer Landweg 13, Tel.: 5 49 • *Schiffahrt:* Fahrgastschiff Eberhardt, Strelitzer Straße 21a, Tel.: 2 75

2131 Fürstenwerder
(Vorwahl: 03 98 59)
Auskunft: Tourist-Information, Ernst-Thälmann-Straße 33d, Tel.: 21 31 • *Gaststätten:* Seeblick, Karl-Marx-Str. 90, Tel.: 2 96 • Café 88, Feldberger Straße 1 d, Tel.: 4 56 • *Hotel/ Unterkunft:* Fibigershof (2 Kilometer Richtung Feldberg), Tel.: 4 58 • Gaststätten- und Pensionsunternehmen Lange, 2131 Rittgarten, Tel.: (Holzendorf 03 98 53) 20 44 • *Museum:* Heimatstube, Ernst-Thälmann-Straße, Tel.: 4 82

1322 Gartz
(Vorwahl: 03 33 32)
Auskunft: Stadtverwaltung (auch Zimmervermittlung), Stettiner Straße 15, Tel.: 2 03, 2 04, 3 28 • *Bootsverleih:* Ziegelstraße, Tel.: 2 90 • *Fahrradverleih:* In der Drogerie, Pommernstraße, Tel.: 3 29 • *Gaststätten:* Schützenhaus,

Stettiner Straße, Tel.: 3 31 • Stadtcafé, Pommernstraße 103, Tel.: 2 91 • Zum Gartengrill, Pommernstraße 144, Tel.: 6 35

2131 Gramzow
(Vorwahl: 03 98 61)
Auskunft: Amtsverwaltung, Ernst-Thälmann-Straße 11 (neu: Poststraße 12), Tel: 2 95 • *Gaststätten:* Hotel Deutsches Haus, Marktplatz 4, Tel.: 2 87 (Gaststätte und Hotel) • Goldener Löwe, Angermünderstr. 29, Tel.: 4 35 • Eiscafé Genth, Prenzlauer Str. 41, Tel.: 4 65 • *Hotel:* Haus Randow, Zehnebeck Nr. 25

1431 Himmelpfort
(Vorwahl: 03 30 89)
Angeln: • Binnenfischerei GmbH, Stolpseestraße 16, Tel.: 2 09 • *Auskunft:* Gemeindeverwaltung, Klosterstraße 23, Tel.: 2 24 • *Gaststätten:* Klosterkeller, Klosterstraße 3, Tel.: 2 31 Hasenheide, Bahnhofsstraße, Tel.: 3 04 • *Hotel/ Pension:* Erholungsheim »Pfarrhaus Himmelpfort«, Am Eichberg 11, Tel.: 3 53 • Pension/Gaststätte Körner, Hausseestraße 15, Tel.: 2 19

1304 Joachimsthal
(Vorwahl: 03 33 61)
Auskunft: Stadtverwaltung, Joachimsplatz 1, Tel.: 2 16, 2 17 • *Camping:* Zweckverband Wer-

bellinsee-Grimnitzsee, 1301
Altenhof, Adolf-August-Straße
15, Tel.: (03 33 63) 22 12 •
Gaststätten: Gaststätte Grim-
nitz, Hövelstraße 1, Tel.: 4 20 •
Stadtcafé, Templiner Straße 7,
Tel.: 2 81 • Heidekrug, Bru-
noldstraße 1, Tel.: 4 39 • *Hotel:*
Hotel am Grimnitzsee, Anger-
münder Straße 18, Tel.: 7 28 •
Hotel am Werbellinsee, See-
randstraße 10, Tel.: 2 27 •
Schiffahrt: Reederei Wiedenhöft
(Linienfahrten und Charter),
Seerandstraße 22, Tel.: 5 74

2093 Lychen
(Vorwahl: 03 98 88)
Auskunft: Fremdenverkehrsamt
(auch Zimmernachweis und
Karten für Dampferfahrten), Am
Markt 1 (Rathaus), Tel.: 2 84 •
Boots- und Fahrradverleih: Na-
tur Live, Weg am Zenssee 1 •
Camping: Am Strandbad, Gro-
ßer Lychensee, Tel.: 6 75 • Am
Wurlsee, Tel.: 5 09 • Am Reh-
berg, Retzow, Tel.: (Lychen)604
• *Gaststätten:* Hölschenkeller,
Vogelgesang-Straße 5, Tel.: 842
• Café Alte Mühle, Templiner
Straße 13, Tel.: 2 49 • Restau-
rant Wurlflut, Berliner Straße 21,
Tel.: 7 24 • *Hotel/ Unterkunft:*
Hotel/Restaurant Waldhaus
Grünheide, 2091 Retzow, Wurl-
weg 1, Tel.: (Lychen) 3 52 • Fe-
rienhotel Sängerslust, Haus am
Zenssee 2, Tel.: 2 77 • Pension

Lindenhof, Lindenhof 1, Tel.:
501 • Ferienpark Schlüßhof,
Schlüßhof 1, Tel.: 4 81 •
Haus Seeblick, Steindamm 3,
Tel.: 2 59 • *Reit- und Kutsch-
touristik:* A. Rensch, Weinberg-
Straße 6a • *Schiffahrt:* Fahrgastschiff »Möwe«, Anlegestelle
an der Hohestegstraße

1305 Oderberg
(Vorwahl: 03 33 69)
Auskunft: Fremdenverkehrsamt
(im Rathaus), Berliner Str. 89,
Tel.: 2 02 • *Café:* Kieslinger
Caféstube, Angermünder Straße
7, Tel.: 2 82 • *Dampferfahrten:*
Personenschiffahrt G.b.R.,
Geschäftsstelle im Gasthaus zur
Spitze (Personenschiffahrt an
den Schleusentreppen Niederfi-
now, Fahrten nach Stettin und
Charterfahrten), Freienwalder
Straße 14, Tel.: 4 61 • *Gast-
stätten:* Zur Spitze (auch Reise-
angebote für Sportangler, Wan-
dertourismus sowie Reisen nach
Polen), Freienwalder Straße 14,
Tel.: 4 61 • Schwarzer Adler,
Berliner Str. 73, Tel.: 3 82 •
Goldener Löwe (mit Zimmerver-
mittlung), Berliner Straße 3,
Tel.: 2 46 • *Hotel:* Oderblick,
Eberswalder Chaussee, Tel.:
2 27/3 09 • Jägerhof-Oder-
bruch, Am Schöpfwerk 2, 1301
Liepe, Tel.: (Liepe 033362) 2 41
und 2 07 • *Museum:* Binnen-
schiffahrts- und Fischereikundli-

ches Museum, Ernst-Thälmann-Straße 44, Tel.: 4 70

2130 Prenzlau
(Vorwahl: 0 39 84)
Auskunft:
Fremdenverkehrsbüro »Uckermark-Information« (auch Zimmervermittlung), Langer Markt 12, Tel.: 27 91 • *Camping:* Campingplatz am Oberuckersee C 69, 2131 Warnitz, Tel.: (Seehausen 03 98 63) 4 59 • *Gaststätten:* Dimis Taverne, Friedrich-Engels-Ufer 36, Tel.: 64 64 • Tommy's Igel (Deutsche und Chinesische Küche), Robert-Schulz-Ring 37b, Tel.: 43 52 • Weinstube am Uckersee, Fischerstr. 25 • Zum Schwan, Straße der Republik 31a, Tel.: 25 00 • Ristorante Sempre Roma, Leninstraße 13, Tel.: 39 20 • Eis Oase, Triftstraße 34, Tel.: 24 13 • Zur Fischerstraße, Friedrich-Engels-Ufer 3, Tel.: 26 14 • *Hotel:* Hotel Uckermark, Ernst-Thälmann-Platz 4, Tel.: 30 61 • Landhotel Dedelow, 2131 Dedelow, Dorfstr. 23, Tel.:(Holzendorf 03 98 53) 20 37 • *Museum:* Kulturhistorisches Museum, Uckerwiek 813, Tel.: 48 18 • *Reit- und Fahrtouristik:* Gerhard Neltner, Dorfstr. 6, 2131 Seehausen/Berghausen, Tel.: 2 64 • *Schiffahrt:* Motorschiff Uckerschwan, Friedrich-Engels-Ufer (neben Strandbad, Kartenvorbestellung bei Uckermark-Information), Tel.: S. Roge 29 06

1330 Schwedt
(Vorwahl: 0 33 32)
Auskunft: Stadtinformation, Platz der Befreiung 6, Tel.: 2 34 56 • *Cafés:* Café am Markt, Berliner Straße 53, Tel.: 2 33 86 • Moccabar »Am Waldrand«, Friedrich-Schiller-Ring 77 • Eis-Café-Rilling, Vierradener Chaussee 1 • *Hotel:* Büro-Hotel, Platz der Befreiung 6, Tel.: 2 10 81 • Touristen-Hotel, Werner-Seelenbinder-Str. 5, Tel.: 3 22 54 • Zentrale Zimmerbörse, Am Stadtpark 2, Tel.: 2 10 46 • Hotel/Restaurant IATEL, 1321 Zützen, Apfelallee, Tel.: 51 63 97 –99 • *Gaststätten:* Club »Bertoldt Brecht«, F.-Runge-Straße 30a, Tel.: 2 20 11 • Bistro »Zum Waldeck«, Friedrich-Schiller-Ring 83, Tel.: 3 23 55 • Historisches Restaurant »Mon plaisir«, Park Monplaisir 2, Tel.: 2 25 32 • Schubi's Gemütlichkeits-Bistro, Kummerower Straße 39–41 • Zum Oderländer, 1321 Vierraden, Kleine Straße 16, Tel.: (Schwedt) 2 24 98 • *Museum/Galerie:* Stadtmuseum, Am Markt 4, Tel.: 2 34 60 • Galerie im Ermelerspeicher, Lindenallee 36, Tel.: 2 32 45 • Cornelia & Axel Schulz, Plastiken, Monplaisir 1, Tel.: 2 24 32

• *Theater:* Uckermärkische Bühnen, Berliner Straße 46–48, Tel.: 2 10 31

2150 Strasburg

(Vorwahl: 03 97 53)
Auskunft: Stadtverwaltung, Pfarrstraße 3a, Tel.: 7 22 53 • *Gaststätten:* Konditorei & Eiscafé Wittmann, Roßstraße 10, Tel.: 809 • Schützenhaus, Falkenberger Straße 17, Tel.: 4 29 • Bahnhofsgaststätte, Bahnhofstraße 1, Tel.: 66 01 • Uckermärker-Grill, Bahnhofsstraße 20, Tel.: 69 20 • *Museum:* Heimatmuseum, Kleine Galerie, Pfarrstraße 22a, Tel.: 69 80

2093 Templin

(Vorwahl: 0 39 87)
Auskunft: Stadtinformation (auch Zimmervermittlung), Am Markt 12, Tel.:26 31 • *Baden:* Stadtbad, Prenzlauer Allee, Tel.: 25 14 • *Bootsverleih:* Am Templiner See, Seestraße • *Fahrradausleih:* Gepäckabfertigung Bahnhof Templin, Zehdenicker Straße 1, Tel.: 4 43 05 • *Gaststätten:* Stadt Templin, Mühlenstraße, Tel.: 27 08 • Berliner Tor, Berliner Straße 1, Tel.: 29 35 • Café Bistro am Ratsteich, Seestraße 1, Tel.: 63 67 • Gaststätte zum Turm, Prenzlauer Allee 25, Tel.: 30 03 • Am Egelpfuhl, Rosa-Luxemburg-Straße 25, Tel.: 54 62 • *Hotel:* Schloß-

hotel, 2091 Götschendorf, Tel.: (Milmersdorf 03 98 86) 2 32 • Ferienhotel Templin, Am Lübbesee 1, Tel.: 4 50 • *Museum:* Volkskundemuseum, Prenzlauer Tor, Tel.: 27 25 • Landeskulturkabinett im Berliner Tor, Berliner Straße, Tel.: 32 75 • *Reit- und Fahrtouristik:* Gestüt Lindenhof bei Templin, Tel.: 26 31 • *Schiffahrt:* Reederei Norbert Klapczynski, Anlegesteg am Templiner See, Tel.: 66 22

2152 Woldegk

(Vorwahl: 0 39 63)
Auskunft: Stadtverwaltung, Karl-Liebknecht-Platz 1, Tel.: 3 33 • *Gaststätten:* Mühlencafé, Mühlendamm 12, Tel.: 8 52 • Café Herz, Gotteskamp 9, Tel.: 4 29 • *Museum:* Mühlenmuseum, Mühlendamm • *Töpferei:* Zur Mühle, K.-H. & I. Saalfeld, Gotteskamp 7, Tel.: 3 18

1434 Zehdenick

(Vorwahl 0 33 07)
Auskunft: Fremdenverkehrsbüro (auch Zimmervermittlung), Schleusenstraße 15 • *Fahrradverleih:* R. Riesenberg, Dammhaststraße 50 • *Gaststätten:* Berlin, Dammhaststraße 2, Tel.: 26 90 • Brenneiser, Schleusenstraße 19a, Tel.: 23 79 • Waldfrieden, Waldfriedenstraße 10, Tel.: 28 96 • Eiscafé, Karl-Marx-Straße 28,

Tel.: 26 17 • *Hotel/ Unterkunft:*
Hotel Klement, Karl-Marx-
Straße 29, Tel.: 25 32 •
Hotel/Gaststätte: Zum neuen
Heidenkrug, Friedrich-Engels-
Straße 17, Tel.: 27 67

• *Museum:* Klosterführungen
bei Herrn Lauwaßer, Duwanow-
Straße 11, Tel.: 21 16 •
Reiten: Reiterhof Steindamm,
2091 Storkow, Steindamm 1,
Tel.: (Templin 0 39 87) 30 54

HOTEL
RESTAURANT

STOLPER TURM
Inh. G. Woischwill

Herzlich willkommen im »Stolper Turm«,
direkt an der Hohensaaten-Friedrichs-
thaler-Wasserstraße, in der malerischen
Umgebung des Oderbruchs.
Es erwarten Sie uckermärkische Gast-
lichkeit, eine idyllische Landschaft für
Wanderer, Angler und Jäger, eine gepflegte
Küche und ein angenehmes Ambiente für
Tages- und Wochenendausflüge
(auch Haustiere sind willkommen).

Sie erreichen uns in:

1321 Stolpe (bei Angermünde)
Dorfstraße 40
Tel.: 333 oder 540

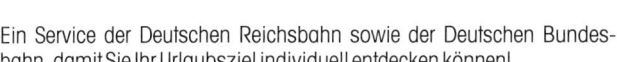

Gasthaus »Zum Oderländer«

Kleine Straße 16
1321 Vierraden
☎ (Schwedt) 2 24 98

Wir erwarten Sie täglich
– außer Dienstag –
von 11.30 Uhr bis 24 Uhr,
auf Wunsch auch länger.
Mit jederzeit guter Haus-
mannskost und auch
Trompetensoli des
Gastwirtes.

B2 Richtung Gartz

Rathaus

Autoradio Markt

Zum
Oderländer

Landhotel und Bildungszentrum Dedelow

Im nördlichstenTeil der landschaftlich reizvollen Mark Brandenburg liegt die Uckermark. Sie ist ein durch die Eiszeit geformtes Landschaftsgebiet zwischen Havel und Oder entlang der Ucker.
Eingerahmt von ausgedehnten Waldgebieten laden viele Seen zum Baden und zu erholsamen Wanderungen ein.

Inmitten dieser schönen Landschaft liegt Dedelow mit seinem Landhotel, nur 6 km von der Kreisstadt Prenzlau entfernt.

68 neueingerichtete komfortable Zimmer und Appartements, alle mit Dusche, WC und Fernsehapparat, bilden den idealen Raum für einen angenehmen Aufenthalt.

Ein stilvolles Restaurant mit 100 Plätzen bietet gute deutsche Küche mit regionalen Spezialitäten und ein großes, reichhaltiges Frühstücksbüffet.
Unser attraktiver Konferenzraum mit fachkundiger Betreuung steht Ihnen für geschäftliche Anlässe und private Feierlichkeiten zur Verfügung.

Im angegliederten Bildungszentrum haben Sie die Möglichkeit, mit moderner Seminartechnik ausgestattete Räume für Ihre Veranstaltung – Schulung, Tagung oder Seminar – zu nutzen.

Sie finden uns:

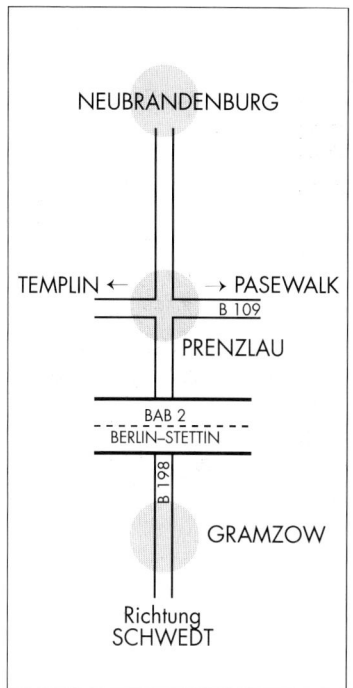

- nur 6 km von Prenzlau entfernt an der Fernverkehrsstraße 198, Richtung Neubrandenburg
- Anschluß an das Autobahnnetz A2 Berlin-Stettin (Szczecin)
- an der Transitstrecke zwischen den Fährhäfen Saßnitz (Trelleborg/Schweden) und Mukran (Kleipeda)
- Anschluß an das Hauptstreckennetz der Deutschen Reichsbahn Leipzig-Berlin-Stralsund
- Nähe zu Polen (Stettin ca. 45 Min.), zur Ostsee (45 Min.), zur Mecklenburger Seenplatte (45 Min.)

Landhotel Dedelow

O-2131 Dedelow
Telefon: Holzendorf 20 37
(aus West-Deutschland 03 98 53/99-293-20 37)
Telefax: Holzendorf 20 34
(aus West-Deutschland 03 98 53/99-293-20 34)

Personenschiffahrt G.b.R.

Geschäftsstelle: H. Müller, Gasthaus zur Spitze
O-1305 Oderberg, Freienwalder Str. 14,
Tel. und Fax (03 33 69) 4 61

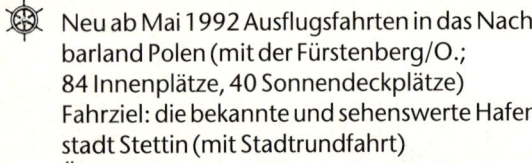

- Neu ab Mai 1992 Ausflugsfahrten in das Nachbarland Polen (mit der Fürstenberg/O.; 84 Innenplätze, 40 Sonnendeckplätze) Fahrziel: die bekannte und sehenswerte Hafenstadt Stettin (mit Stadtrundfahrt) Übernachtung im 3-Sterne-Hotel in Stettin Abfahrt ab Hohensaaten; Parkmöglichkeiten für PKW und Reisebusse direkt an der Abfahrtsstelle

- komplette Urlaubsgestaltung in Polen nach Absprache

- Charterfahrten für Firmen, Vereine, Reisebüros und Reiseveranstalter, auch für Familienfeiern, auf allen märkischen Wasserstraßen (einschließlich Oder und Westoder)

- Fahrten durch das Schiffshebewerk Niederfinow ab Niederfinow/Schleusentreppen oder ab Oderberg (siehe Fahrplan)

- Regionale Küche und wohltuende Atmosphäre im Restaurant »Zur Spitze« in Oderberg (7 km von der Anlegestelle), geeignet für Firmen- und Familienfeiern sowie Vereinstreffen; täglich geöffnet (außer Montag) von 11 bis 21 Uhr (Freitag/Sonnabend bis 23 Uhr)